日本水引《にほんみずひき》

結ぶ、祈る、贈る、日本のかたち

はじめに

「伝統とは火を守ることであり灰を崇拝することではない。」

オーストリアの音楽家、グスタフ・マーラーの言葉です。古来のやり方が正しいから戻れというわけではない。火の守り方は時代によって変わる。変わらないために、変えていく。それにはまず、火の本質を理解しなければなりません。

私が水引と向き合うときは、変えても良いこと、変えてはいけないことを常に考えます。水引の持つ意味や大事なことが抜け落ちてしまわないように、単に「かわいい」だけのものになってしまわないように気をつけています。

本書では水引の本質を理解するために、水引の源流を探り、水引と関連する周辺の事柄にも触れながら一歩踏み込んで紐解いていきます。しきたりやマナーもそのひとつです。水引では赤白の色をよく目にしますが、赤白にはどのような意味があるのでしょうか。そんな当たり前とされていること、そういうものだと疑問すら抱かないようなことにも目を向けながら丁寧に案内していきたいと思います。

長年、私たちの暮らしと密接に結びつきながらも深く知ることのなかった水引。水引にまつわる様々な点と点をつなぎ合わせ、そのプロセスや歴史を咀嚼《そしゃく》することで、これからの時代に応じた自由で確かな判断ができるようになる。それこそが未来へと残していけるものだと信じています。この本が、皆さんにとって新たな発見や、コミュニケーションがより優しく豊かなものになっていくきっかけとなりましたら幸いです。

長浦ちえ

目次

下段では本文の補足として、著者の見解や用語の解説を述べています。

第一章

水引《みずひき》

水引のルーツを紐解く

身近でよく目にする水引は、祝儀袋、不祝儀袋などに結ばれている金銀や赤白、黒白などの紐状のものです。芯の部分は紙縒《こより》でできており、一本の紐状である素材自体を「水引」または「生水引《なまみずひき》」と呼びます。

一方、梅や鶴などの形に造形されたものは「水引細工」「水引加工品」と呼びます。シンプルな結び方から複雑な形まで様々な種類がありますが、効率が求められる現代でも水引の結びは、機械化することが難しく、いずれも誰かの手によって結ばれています。

進物《しんもつ》を結び留める水引。
神札《しんさつ》(おふだ)などにも結ばれる水引。

水引が結ばれているものに対して、私たち日本人は無意識のうちに、清らかで格式高く、頂戴するとありがたいような気持ちになります。

神札(しんさつ)
護符の一種で、神社で発行し心霊またはその超自然を示す象徴物などを、木、紙、金属片などに記したもの。

神札に結ばれる麻紐

なぜ、水引は進物に使用されてきたのかという謎から、水引のルーツを紐解いていきたいと思います。

現在、神社や寺院の神札の中には、紙で包まれ、麻紐や水引で結ばれているものがあります。この素材で結ばれていることには何か意味があるはずです。その原形は、日本最古の歴史書である『古事記』や『日本書紀』に登場します。

天岩戸《あまのいわと》の場面で、榊《さかき》の木に珠飾《たまかざ》りと八咫鏡《やたのかがみ》、そして麻と木綿《ゆう》の糸を垂らし下げたものが供え物として捧げられたとあります。

岩でできた洞窟の戸を閉じて、籠《こも》ってしまった天照大御《あまてらすおおみ》神《かみ》のために捧げられたという記録に残る最古の進物の中に「麻と木綿の糸を垂らし下げたもの」が含まれていることが重要です。

麻糸は植物の麻の繊維でつくった糸。もう一方の木綿は、楮《こうぞ》の樹皮をはぎ、その繊維を裂いて作られた糸のこ

榊に麻と木綿の糸を垂らし下げたもの　『国史絵画「天照大神」』伊藤龍涯（神宮徴古館）

と。麻の語源は、「ヲ」で、細長い糸や紐などのことを意味する「緒」に由来すると言われています。木綿の語源である「ユ」は「斎」に基づくとされていて、「斎」は清浄で穢《けが》れのないことを指す言葉です。木綿には神聖な糸、そして結ぶという意味があったのです。

　このように、「麻」と「木綿（＝楮）」は神代《かみよ》の頃より神聖性を示すものとして神事に用いられるものであり、どちらも水引と関係のある糸や紐、結ぶことに由来していたことが分かります。

　日本に抄紙《しょうし》の技術が伝わるとそれまで糸状に加工されていた楮は、その発展とともに紙の原料へと姿を変えていきます。

紙縒《こより》の誕生

　貴重品であった紙は、主に写経や公文書を記す料紙とされ、神事に用いられた木綿が紙に代用されるなど、神仏とも深く結びつきながら平安時代には貴族たちの間でも普

最古の紙
日本で最古の製紙に関する記録は『日本書紀』推古天皇十八年（六一〇年）の条で高句麗の僧・曇徴（どんちょう）が日本で初めて紙を作ったとされているが、仏教をはじめ大陸の文化や技術の交流が盛んになった五～六世紀頃だとも考えられている。

麻紙（まし）
麻の繊維を原料とした麻紙（まし）も奈良時代に多く生産された。平安時代には楮の紙が増え、平安後期には麻紙はほとんどつくられなくなった。麻は紙へと発展せず、紐や糸として原形を残していると考えられる。一方の楮は飛躍的に紙へと進化した。

及し始めました。和歌や日記を記すため以外にも、紙を折る、包むなど造形がなされながら宮中生活の中でも幅広い用途で使用されるようになっていきます。

その中のひとつに、細く切った紙を捻じり紐状にした「紙縒」があり、水引や元結《もっとい》の素材として使用されるようになります。元結とは髪の毛の根元を結ぶものです。「結ぶ行為」が名称となり、紙製に限らず髪の毛を結ぶ素材のことを元結と言います。

一方の水引は、平安中期の歌に水引の二文字を見ることができます。その頃は色が施されていない素地の紙縒を、髪を結ぶときには「元結」と呼び、結髪以外の連歌懐紙を束ねるとき、文《ふみ》(手紙)を贈るための結び紐などに使うときには「水引」と呼んでいたようです。この頃はまだ両者を明確に区別するものはなく、同じ紙縒を使用し、時々の用途によって呼び分けていたことがうかがえます。

平安時代の女性たちは物語や日記を記すのに薄手の雁皮紙《がんぴし》を好み、その紙を染色したとされることから、平安後期には紙縒にも染色されたのではないかと推察できます。また、貴族の間では文《ふみ》をつくるにも作法がありました。文

こよりの表記
こよりは、「紙縒」「紙撚」「紙捻」とも表記される。

雁皮紙(がんぴし)
ガンピを原料として漉いた紙。紙肌が美しく滑らかで光沢があり、平安期の女流詩人たちが好んで使用した。

を紙縒で結び留める封の礼式など、贈り合うための決まり事が素朴ながら存在しており、その後武士が台頭し始めると、公家《くげ》の礼式を踏まえながら武家独自の礼法が作られ、水引も儀礼化していきます。

元結は実用、水引は装飾

武家礼法は室町時代に確立しました。紅白や赤白の色で染め分けられた水引は、封建社会を背景に折形(おりがた、おりかた)の作法とともに意味や約束事を含みながら進物を結び留める役割として確固たるものとなります。

江戸中期〜後期には、強度に富み実用性に優れた紙製の紙縒元結《こよりもっとい》(紙捻元結《かみよりもっとい》、水引元結《みずひきもっとい》)が、庶民の間でも普及し需要が増大しました。一方で色が施された水引は女性の髪型を彩る飾り紐にも用いられました。現在の品に例えるならば、紙縒元結は髪型を固定する頑丈なヘアゴム、水引はその上を飾るリボンのような関係です。江戸末期頃には庶民にも折形礼法が広がり、多くの礼法家によって様々に

手紙のきまり
平安時代、手紙の書式や贈り方にも決まりがあり、一通の手紙に三枚の紙が必要だった。また、封の仕方にも糊付や紙縒で結ぶなどの様々な礼式があった。

折形の和紙
折形に用いられる白い紙は神に通ずる神聖なものとされ、中世の水引は封緘(ふうかん)としての役割もあった。弓などの武具や反物なども紙で包み水引で結んでいたことから、紐としての丈夫さも必要であったのではないかと考えられる。

相撲力士の髷

芸妓の日本髪
©溝縁ひろし

考案された折形と水引結びによって装飾性の高いものへと変化します。元結は実用へ、水引は装飾へと両者は区別されるようになります。

近代になると、その区別はより明確なものとなります。明治以降、断髪令により男性は髷《まげ》を結わなくなり紙縒元結の需要は減少していきましたが、相撲力士や歌舞伎役者、芸妓などの髷や日本髪に見られるように、紙縒元結は髪の毛を結び留める素材として強度が重要な紙縒であり続けています。

一方の水引は、明治以降ますます各流派の礼法に多くの法式が生まれ、水引の結びも技巧的で複雑なものになっていきます。大正の頃には、それまでの平面的であった水引の結びは、鶴亀松竹梅などの立体的な結びとして考案され、昭和の高度経済成長期にかけて結納飾りに代表されるように、より華やかで豪華な装飾性が際立つ水引飾りとなります。美しく見栄えの良い多種多彩な水引が製造され、工芸品として発展していきました。このように、近代には元結と水引は用途がはっきりと区別され、強度が必要か否かによって、ますます性格の異なる紙縒となったのです。

水引の芯部分である紙縒。近頃よく質問されることのひとつが「水引の紙縒は和紙ですか？」というものです。

現在は、海外から仕入れたパルプと古紙を混ぜて機械で薄く漉《す》いた紙や、機械漉きの木材パルプ一〇〇パーセントの薄葉紙《うすようし》などが紙縒部分の原紙として使用されています。

一般的には、楮、三椏《みつまた》、雁皮などの靭皮繊維《じんぴせんい》が含まれた原料で作られている紙や手漉《てす》きで作られたものを和紙とイメージされているかもしれません。しかし現在は、手漉きか、機械漉きか、また原材料や配合率などには関係なく、

結納飾り　(株式会社 長生堂)

水引原紙(みずひきげんし)
水引の紙縒を作るための紙のこと。

和紙の呼び名
明治初期に日本に入ってきた洋紙に対して生まれた言葉である。

和紙と洋紙をはっきりと区別する明確な定義がないことが実情のようです。

本書では靭皮繊維（楮、三椏、雁皮など）を原料とし、手漉きにより作られた紙を和紙と表記します。


水引の紙縒が和紙ではなくなった背景には、大量生産品の洋紙に比べて生産量が落ち、原料も限られるため高価な和紙がだんだん使用されなくなったということがあります。時代の進展とともに、装飾性としての美しさに重きが置かれ、強度が必要とされなくなったことで、和紙である必要がなくなったとも言えます。

また、昭和の戦後を境に、婚礼需要の増大により、結納や結婚式、贈答などで水引を使用する場面がより多くなります。それに伴い、工業製品としての側面が強くなっていきました。大量生産、大量消費の時代の流れの中でそれは必然であったように思えます。

貴重であった和紙を清浄なものとして進物を包み結んできた日本人。現在の紙で包まれ、麻紐で結ばれている神宮の神札に、神代からの麻や木綿の糸で結ばれていた原形の

靭皮繊維（じんぴせんい）
植物の茎の周辺部からとれる繊維。繊維の長さが非常に長く、強度や耐水性、耐腐朽性に富み、和紙には楮、三椏、雁皮、麻類などの靭皮繊維が使用されている。

姿をかいま見ることができるのではないでしょうか。

元来、水引は紙縒であり、紙縒は和紙でした。和紙は楮で、楮は神様への捧げものに用いる神聖な糸でした。そこに脈々と受け継がれてきた日本人の想いを想像すると、さらに大事な原点が見えてくるように思います。

二つある水引の起源

実は、水引の起源には伝承されるいくつかの説があります。その中でも代表的な「貿易品の紐説」と「遣隋使《けんずいし》説」の二つの説について検証してみます。

【貿易品の紐説】

日明《にちみん》貿易において、貿易品に白と赤の縄が輸出品と輸入品を見分けるものとして付けられていた。それを日本人が贈答品に赤白の縄を結び付けると誤解し、それ以降贈りものに赤白の紐をかけるようになったという説です。

海に投げ出された船の積荷『東征伝絵巻　巻二第一段』（唐招提寺）

上の絵は《唐招提寺《とうしょうだいじ》　東征伝絵巻《とうせいでんえまき》》です。七五三年に来日した鑑真和上《がんじんわじょう》が唐招提寺を創建するまでの奈良時代の物語を、鎌倉時代の一二九八年に忍性《にんしょう》が描いた絵巻です。鑑真一行の渡海の苦労が描かれているとともに、荒波に投げ出された船の積荷に赤や白の紐が掛かっているではありませんか！

絵巻物に描かれた様子は、日明貿易が行われていた時代よりも約六五〇年以上前の光景となりますが、船の積荷に関する形跡を見つける手掛かりになり得るのではとの期待と、また同時に疑問も湧き上がりました。

海に投げ出されている当時の荷物は行李《こうり》と呼ばれるツル状のものを編んで作られた葛籠《つづら》や木櫃《きびつ》で、運搬用として使用していました。さしずめコンテナというところです。そのコンテナから船の揺

日明貿易（にちみんぼうえき）十五世紀〜十六世紀半ばまで行われた、日本と中国における朝貢貿易（ちょうこうぼうえき／進貢貿易）のこと。貿易品の紐説は、後世になって誰かがヒントになる昔の絵巻物などを見た可能性が考えられる。

行李
（府中家具木工資料館）

れなどで中身が飛び出してしまわないように麻縄のような丈夫な紐で結び留めていたようです。

　この説での水引の由来は、コンテナ状の荷物形態を指すと考えます。日明貿易は朝貢貿易であったので中国側からの荷物は返礼品扱いであるとも考えられますが、この状態を「贈答品」と誤解するのでしょうか。また、品物を見分けるための紐に色の意味や違いが中国側にあったのでしょうか。

　この絵巻は鎌倉時代に五〇〇年以上前のことを想像して描かれたものです。博物館の学芸員や中世歴史学者の専門家の方々にうかがっても、絵師たちは、普段見慣れない外来の装束や建築物であれば注視して描いた可能性は高いですが、消耗品である荷物紐などの細かい情報が後世まで残っていたとは考え難いといいます。絵師たちは五〇〇年以上前のことを想像して描くので、この紐に関しては絵師たちの普段見慣れた知識や習慣が出てしまうことが多く、鑑真が来日した当時の実際の様子とは異なっていたのではないでしょうか。

荷物紐に関する説は水引の起源としては可能性が低いと考えます。

【遣隋使説】

遣隋使の小野妹子が帰朝したとき、一緒に日本へ渡ってきた隋の答礼使《とうれいし》が携えた献上品に航海の平穏無事を祈願して、紅白に染め分けられた麻の紐で結ばれていたことから。

恐らく一番多く目にするこの説は、六〇八年の出来事であり、東征伝絵巻が描かれた鎌倉時代から約七〇〇年前になります。鑑真来日よりも遣隋使帰朝の方がさらに約一五〇年も遡るのです。物語としてはとても美しいロマンがありますが、これも起源とするには可能性としてはさらに低いと考えます。

遣隋使(けんずいし)
七世紀初頭、推古朝の摂政・聖徳太子が隋に派遣した使節のこと。

小野妹子(おの・いもこ)
六〇七年に初代遣隋使として派遣された官人。「日出ずる処の天子、書を日没する処の天子に致す。」と記した手紙を隋の皇帝、煬帝(ようてい)に渡した。

神様に捧げる作法

「天下の礼法は　上古は　天子《てんし》より定め出されて天下の人その礼法を守りしなり。」
『貞丈雑記』　伊勢貞丈

とは、『貞丈雑記《ていじょうざっき》』「天下礼法の事」冒頭の言葉です。

『国史大辞典』（吉川弘文館）にも、神への捧げものの作法が人への贈りものの作法となり、水引で結ぶ以前は品物を布で巻き、それを麻緒で結ぶ形式であった。その後、紙への変化に伴い、進物包みの麻緒が次第に紙縒になり、進物には白紙をかけ紙縒の水引で結ぶ礼法が室町時代に盛んになる、とあります。

神様が召し上がる食事を「神饌《しんせん》」、衣料となる布を「幣帛《へいはく》」と言います。幣帛は本来神々に奉献するものの総称と考えられていました。すなわち贈りもののことが幣帛と言えます。

先にも述べたように、もともとは神様への捧げものには麻糸や木綿の糸が用いられていました。その糸で織った布

伊勢貞丈（いせ・さだたけ）
江戸時代の有職故実家。室町幕府の政所執事を務めた伊勢家の出自で、武家故実を代表する伊勢流を伝承した人物。著書『貞丈雑記』は、当時の有職故実をまとめ上げた礼法の古典とされる書物である。

幣帛（へいはく）
もとは祭祀において貴重な品である玉や鏡、武具、食料、布など神様への捧げもののことを指した。後に、布類が代表的なものとなった。

自体も幣帛として神様への捧げものとなり、また捧げものを包む(巻く)ための布でもあったと考えられています。

神宮徴古館《じんぐうちょうこかん》では現在における伊勢神宮の神嘗祭《かんなめさい》に天皇より奉献される貴重な幣帛の展示を目にすることができます。輝く生成り色の麻、混じり気のない真っ白な木綿。そして緑・黄・赤・黒・白の絹織物である五色絁《いついろのあしぎぬ》は一反ずつ丁寧に紙に包まれています。紙を使う以前は布で包まれていたと考えられており、各色積まれた絹織物はさらに上下二カ所を麻緒でぐるりと巻かれ、両わな結びによって全体が束ねられています。神様への贈りものに「包む」と「結ぶ」がなされていたのです。「贈りものに紐を結ぶ起源」の原形をこの姿に見ることができるのではないでしょうか。

木綿や麻紐で結び留める行為は紙が日本で製造される前からなされており、『貞丈雑記』の一文や素材の面から見ても、遣隋使の時代よりもずっと前から、日本人が神様への感謝

幣帛「木綿」

幣帛「麻糸」

幣帛「五色絁」

の贈りものを捧げるその作法に起源があると考える方が自然な流れのように思われます。

水引の語源

では、なぜ「水引」と呼ばれ始めたのでしょうか。その語源の由来は実に様々でこの事実からも歴史の古さをうかがい知ることができます。代表的な説をひとつずつ見ていきましょう。

【製造方法説】

一番多く目にする説に、

「紙縒に糊水を引くことから」

「紙縒を米糊《こめのり》に浸したあと白い布で引き絞ることから」というものがあります。

また、原材料の処理に関することで、

「水引(紙)の原料である楮を水から引き上げたことから」ともあります。

楮を水に浸しておくと表皮がさっと剝がれ、白い繊維が糸状にとれる。その状態から「水から引き出す」の意とされています。

【神聖説】

「神聖な場所を水を打って清めたことから」

神事などを行う神聖な場所と俗世界とを仕切るために幕を張り、水を打って清めたと言われています。この説は、水自体が貴い存在とされていることから、身体に付着した穢れを祓《はら》い清めるため水の中に入る禊《みそぎ》の儀式とも重なり、古代日本における水の信仰と関係があるように思います。

【風景説】

「連歌を綴る用具が風景と結びついたことから」

水引は連歌の懐紙《かいし》を綴っていた用具でもありました。水引に色彩を施して用いたところ、秋に散った木の葉が川の水に引かれる様子に見えたことから水引と名付けられたと

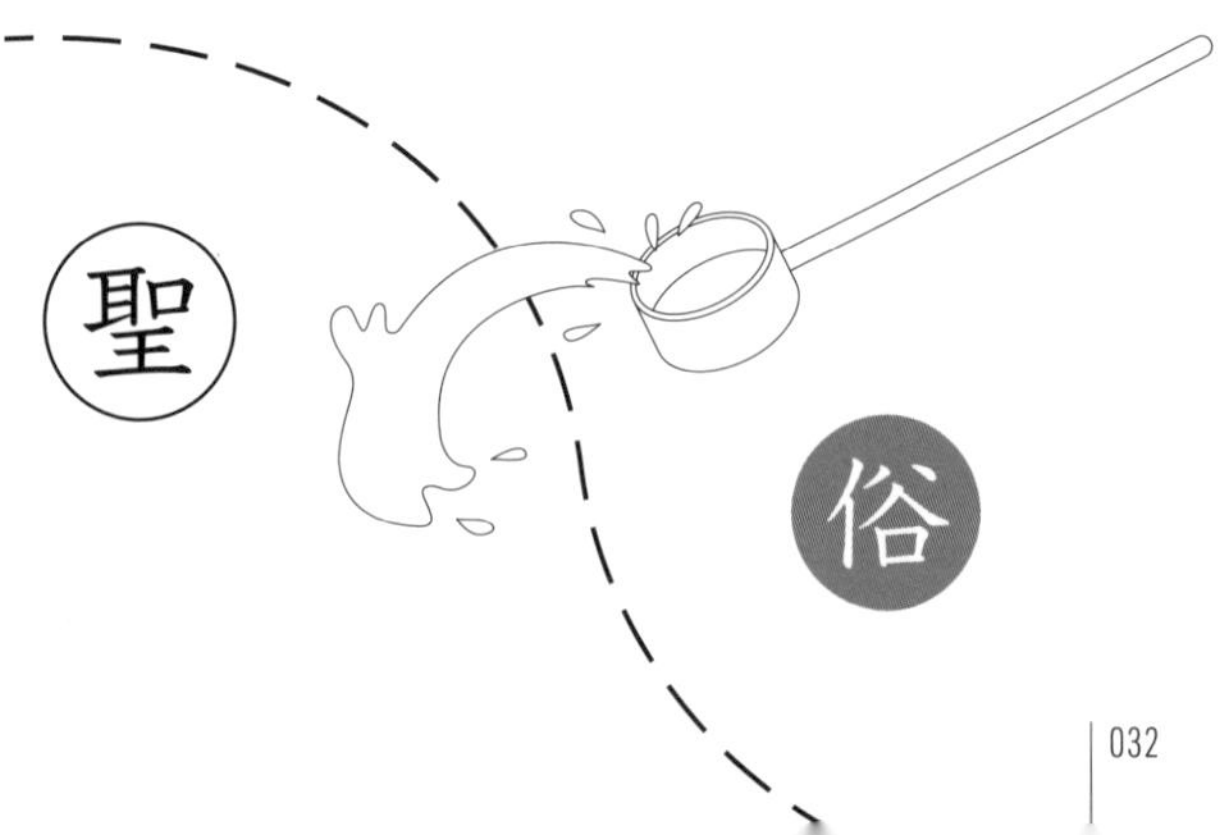

清めの打ち水

扱く姿

いうものです。和歌の世界に足を踏み入れたような美しい風景ですが、語源としては少々具体性に欠けるように思います。

別の風景説に「水引を扱《こ》く（漕《こ》ぐ）様子が川の流れのようだった」ともありますが、扱くスタイルが定着したのは江戸期になってからのことなので、語源とするには時代が合いません。

【そうめん説】

「中国六朝の頃、そうめんを水引餅《すいいんぺい》といった。水引がそうめんの形に似ていることから」

これは『南畝莠言《なんぽゆうげん》』に記されていて、小麦で作られた麺を中国では「水引餅」と言います。確かに水引はそうめんに非常によく似ています。単純すぎるかもしれないと思いましたが、王朝時代の花結びには花や虫を象《かたど》った名称も多く、語源を探る際に「何かに似ている」と考えることは自然なことではないかと思います。

六朝（りくちょう）
三〜六世紀にかけて中国で興った、呉、東晋、宋、斉、梁、陳の六つの王朝。

『南畝莠言』（なんぽゆうげん）
文人・狂歌師の大田南畝によって文化十四年（一八一七年）に刊行された、江戸の町人文化の世俗的、文学的な故実をまとめた書。

花結び／ひも結び
王朝貴族たちは身の回りの調度品には美しい房紐を用いて装飾を施していた。その結び方の名称は「梅結び」「菊結び」「とんぼ結び」など自然の風物に由来したものが多い。

一番多く紹介されている「製造方法説」と、今も昔も自然な感覚である、何かに似ているところからの「そうめん説」をもう一歩踏み込んで見てみたいと思います。

製造方法説とそうめん説

水引の製造方法は、時代や産地でも異なる点はあるかと思いますが、一六八六年に刊行された『雍州府志《ようしゅうふし》』によると、杉原紙《すぎはらがみ》あるいは奉書紙《ほうしょし》の紙を幅一寸（約三センチメートル）に断ち切り、指で細く糸状に捻じった一尺（約三〇センチメートル）程度の紙縒を、米糊にしばらく浸しておく。これを白い布で引き絞って水を抜き乾燥させたのち、半分を臙脂《えんじ》に塗り赤白の水引を作る、とありました。

紙を撚って細長い紐を作る

←

米糊につけて（浸して）布で引き絞る

『雍州府志』（ようしゅうふし）
一六八六年に出版された地誌。雍州とは山城国（京都府）の別称。山城国の地理や沿革、寺社、土産、陵墓などが詳しく記されている。

杉原紙（すぎはらがみ）
中世の武士社会でもっとも多く流通し、武家の常用紙として愛好された中厚の楮紙。

奉書紙（ほうしょし）
中世から近世にかけて、幕府が公文書として使用していた最高級の純白の楮紙。

語源の製造方法説もこの工程が基本となっています。楮を水に浸すことが重要だとされていることから、「水などの液体に浸す」ことが製造方法説の共通のポイントです。

先に述べたように、平安期の歌に詠まれた「水引」はその言葉に意味や願いが内在していたことから言葉としてすでに成熟しており、それ以前から水引という言葉は存在していたはずです。大陸文化に大きな影響を受けていた時代なので、中国から伝わったと考える方が自然なのですが、中国語では水引の二文字は見当たらず、そうめん説に記されている「水引餅」に辿り着いたのでした。

ちなみに、『中日辞典』(小学館)で「水引」を調べると「花纸绳(Huā zhǐ shéng)」と記されています。日本で確立した水引を現代中国語に意訳したものです。つまり水引は中国由来ではなく、日本独自に発展したものということになります。

遣隋使や遣唐使たちもきっと現地で食べたであろう水引餅。その記述は、六世紀前半に中国で書かれた、世界最古の料理書である『齊民要術《せいみんようじゅつ》』の「餅法」にあります。

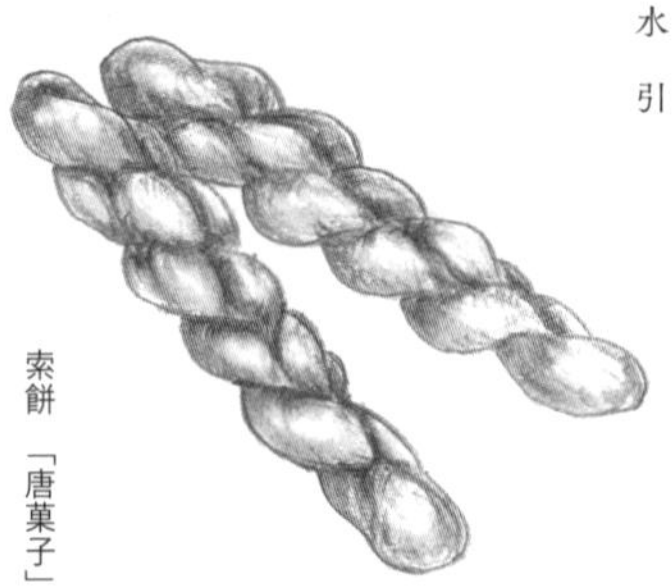

索餅「唐菓子」

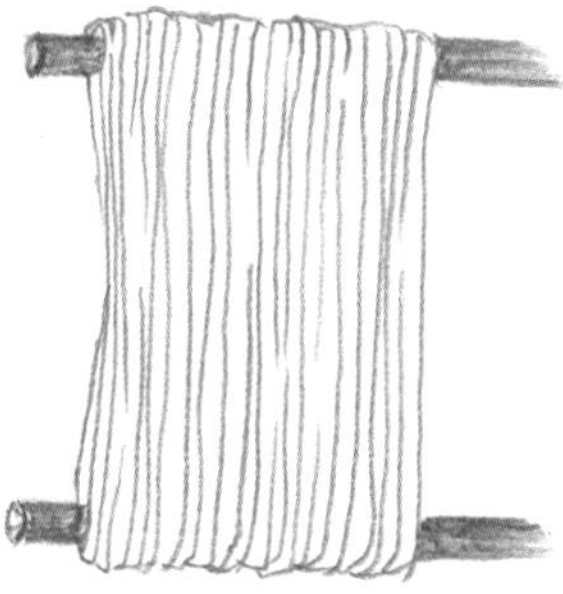

索餅「つるつるした長い麺」

水引餅は中国における麺の祖先だと考えられており、私たち日本人がイメージする「餅＝もち米を加工したもの」ではなく、小麦粉で作られる食品のことを指します。

一方、日本では奈良時代に中国より持ち込まれたとされ、例えば年中行事で食されるなど天皇家と深い関わりを持つ食品に「索餅《さくべい》」があります。この索餅は日本における手延べそうめん・うどんの原形だと言われており、通説では「中国から渡来した唐菓子の一種」と「つるつるした長い麺」の二つがあると言われています。『延喜式《えんぎしき》』に記録されている索餅を作る材料と使用する道具から、平安時代には手束索餅《たづかさくべい》という、手先の作業で作るつるつるとした長い麺があったと言うのです。

『齊民要術』を日本語訳したものにこう述べられています。

「水引《みずもみ》は又、索餅と呼ばれ、倭名むぎなは、手束索餅、タヅカと呼ばれる。今我邦の索麺ソウメンの祖型」

『齊民要術』西山武一、熊代幸雄

『延喜式』（えんぎしき）
平安時代中期に編纂された律令の施行細則をまとめた法典。全五〇巻、約三三〇〇条からなる。

水引餅を作る人（公益財団法人 味の素食の文化センター）

遣唐使と水引餅

「水引《みずもみ》」は中国語の「水引餅《すいいんぺい》」のことを意味します。それが索餅《さくべい》と呼ばれ、日本語では麦縄《むぎなわ》、手束索餅とも呼ばれています。水引《みずもみ》は索餅、そうめん、うどん、それぞれの原形であると繋がりました。

水引餅の作り方は、手で箸ほどの太さに伸ばし、両手を使って細い紐状にしたものを一尺ずつに切り、水に浸す。指もみをしながら韮《にら》の葉のような薄さにしていく。そして、水引餅の重要な点は麺を「水に浸すこと」です。「水引」とは「水に浸す」ことになります。

まさに紙製の水引《みずひき》の作り方にとてもよく似ています。まずはじめに、奈良時代の遣唐使によって日本に伝えられたであろう食品の索餅は「水引」の文字で「みずもみ」とも呼ばれていました。そして、食品の名前から「水に浸す」製造方法が生まれ、日本では「水引」の漢字を「みずもみ」から「みずひき」と呼ぶようになりました。その製造方法から作られた紙縒が「水引《みずひき》」と呼ばれるようになり、次第に製造方法から紙縒の名称として定着していった。

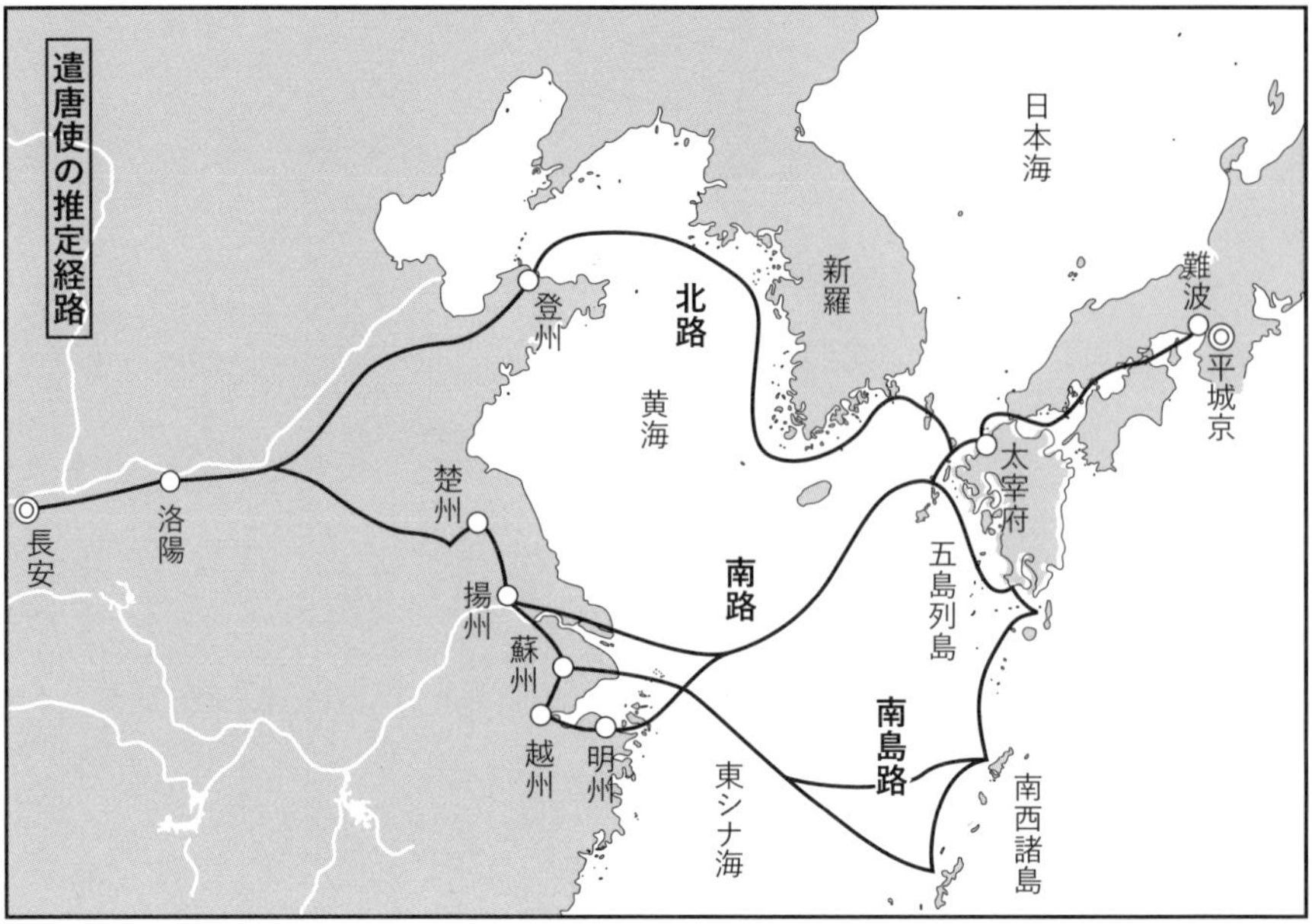

遣唐使の経路
「南路」は、五島列島から直接東シナ海を横断するコース。

これが語源であると私は考えています。

「水引の紙捻」という事を「水引」と云うなり。『貞丈雑記』伊勢貞丈

『貞丈雑記』の一文です。どこか言葉遊びのようで最初は違和感を覚えたのですが、「みずもみ」を水に浸す製造方法の呼び方だとすると、「水引《みずもみ》の紙捻という事を水引《みずひき》という」と読めば合点がいきます。

かくして製造方法説の「米糊(もしくは米水)に浸す」は、そうめん説の「みずもみ」に裏付けされたように思います。名前の由来は意外と単純なもので、素朴な白い紙縒の姿が索餅に似ていて、元結の名前はすで

に存在していたので、結髪以外の用途に使用する名前として「水引」は始まったのではないかとも考えられます。日本におけるそうめんの産地である奈良県の三輪、兵庫県の南西部にある播磨地方(西播磨)、香川県の小豆島、長崎県の島原、そしてうどんで有名な福岡県の博多や長崎県の五島列島と、遣唐使の航海ルートが重なることも大変興味深いことです。

もっとも、索餅以前より楮や麻は糸や布として用いられてきたことから、樹皮を剝ぐ加工段階で水に浸す「水引手法《みずもみ》」自体はさらに歴史が古く、まだ文字がなかった時代に「みずもみ」と発していた音を「水引」の漢字が入ってきたことで「みずひき」と当てはめるようになったのかもしれません。

この「水引手法《みずもみ》」は、現代に至っても水引を作るときに乾燥を防ぐ対策を兼ね、紙縒状にしたものを水に浸しておく工程が引き継がれています。

和歌のなかの水引

先に述べたように、「水引」の二文字は平安期の書物にすでに見ることができます。

水ひきの白糸はへておる機《はた》は旅の衣にたちやかさねむ
『後撰和歌集』

水引のあはせの糸のひとすぢに分けずよ君を思ふ心は
『堀河百首』

『後撰和歌集』は村上天皇の命によって平安中期に編纂《へんさん》されたと言われています。滝の白糸と水引を重ねて詠まれていますが、「白糸」は色を染めつけていない糸や、滝の細い落水や白くて細いものの例えで用いられています。

平安後期の『堀河百首』には水引が恋の成就を遂げたことの比喩で詠まれています。「水引」が滝の水や細長いものを連想させるものであり、結びの行為や、ものそのものに想

『後撰和歌集』
（ごせんわかしゅう）
平安時代に村上天皇の勅諭によって『古今和歌集』に続いて編纂された二番目の勅撰和歌集。

『堀河百首』
（ほりかわひゃくしゅ）
平安後期、堀河天皇のもとで源俊頼、源国信らによって編纂された組題百首の集大成。後世の百首歌の規範となった。

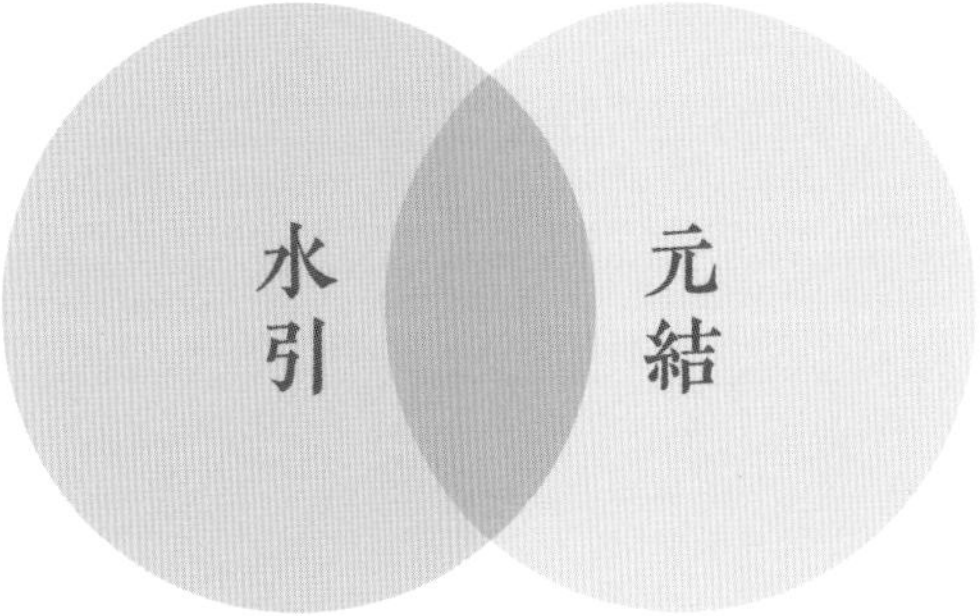

いや願いが内在していたことがうかがえることから、この頃に突如として「水引」の言葉が誕生したのではなく、すでに馴染みのある呼び名として、平安中期以前から存在していたのだと考えられます。

武家文化と折形

また、和紙が宮中で普及し始めた平安前期には「紙縒」が作られ、使用目的に応じて結髪用は「元結」、装飾用は「水引」と呼び分けていました。しかし、平安中期頃は元結と水引の両者のあいだには明確な区別がなく境界線は曖昧だったと考えられます。

室町時代に将軍足利義満《あしかがよしみつ》が登場すると、武家礼法のひとつである折形とともに進物を結び留めるための水引の色や結び方に意味が定められ儀礼化していきました。公家文化を軸に武家らしさを融合させながら独自性を築いていった武家文化が発展していきます。

それまで「笏《しゃく》」や「檜扇《ひおうぎ》」などの用具は公家以外は使用できない公家特権の品物でした。武家の時代になると、憧れの公家社会の品物に倣いながら、檜扇に代わる紙扇など武家独自の素材や用具を開発して武家礼法は発展していきます。

その代表となる素材のひとつが「和紙」です。公家の男性は厚みがありながらもふくよかな檀紙《だんし》を愛用し、先にも述べたように女性は薄い雁皮紙を好みましたが、武家は丈夫で実用的な和紙を求め、楮で作られた杉原紙は武家の象徴とされるようになります。

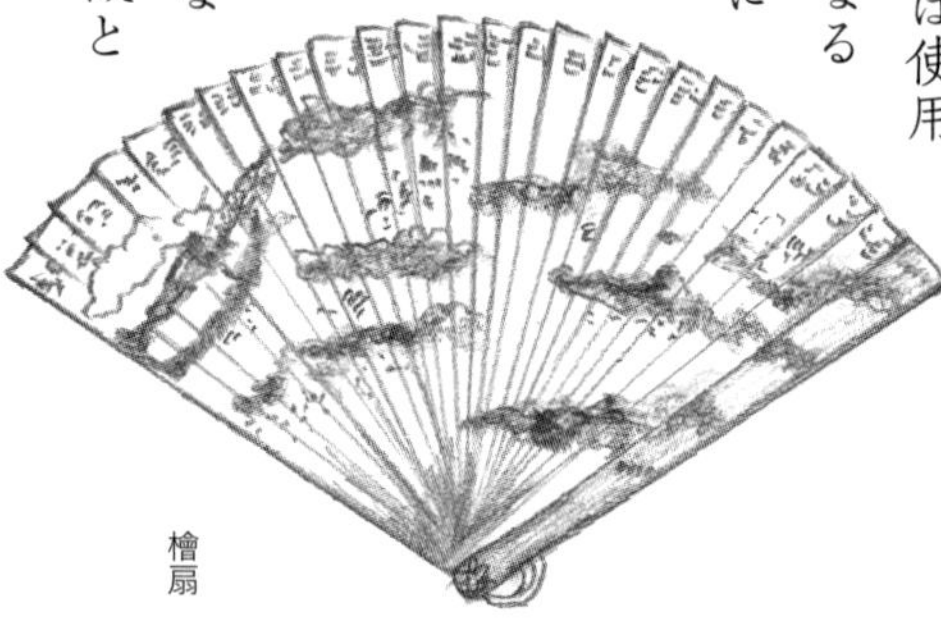
檜扇

檀紙(だんし)
楮で作られた、縮緬状の皺がある高級和紙のこと。和紙の創始期である奈良時代から存在するとされ、長い歴史をもつ。

折形は、白く輝くように光る大変貴重で神聖な和紙を用い、折り目を正しく包むことで相手への敬意を表現します。同時に、白い和紙は結界をも意味し贈りものが清浄であることを示します。また、結び留めるための水引は、封緘《ふうかん》する役割も兼ねており、一度解くと結び直しがきかないことからも、水引が適役であったとも言えます。封建社会を背景に儀礼的なものとして陰陽五行や呪術的要素とも複雑に

封緘(ふうかん)
手紙や文書を送るとき、受け手以外の第三者によって決して読まれることのないように封をすること。

伊勢神宮 社殿（伊勢神宮）

結びつきながら発展・成熟し、贈る相手の身分階級に応じて水引の色や包む和紙などの種類も使い分けられました。

　高貴で清らかな「白」は、白く施したものではなく、天然素材を白くさらした素地の美しさを示します。厳密な色味で言うと「白」よりも「生成り」と言えるでしょう。伊勢神宮の社殿、神饌を入れる折櫃《おりひつ》や運ぶための辛櫃《からひつ》など神事に用いる調度品の多くは彩色や塗りを施さない無垢の素木《しらき》製が用いられるように、素の白さが最も貴ばれました。

　一説には、それは輝く光、太陽神である天照大御神《あまてらすおおみかみ》に由来するとも言われ、自然への畏怖の念であったと考えられます。それ故、白い和紙は神聖なものであったのです。強靭で美しく実用面に優れている和紙を用いた折形礼法は武士の美意識そのものとも言えるのではないでしょうか。

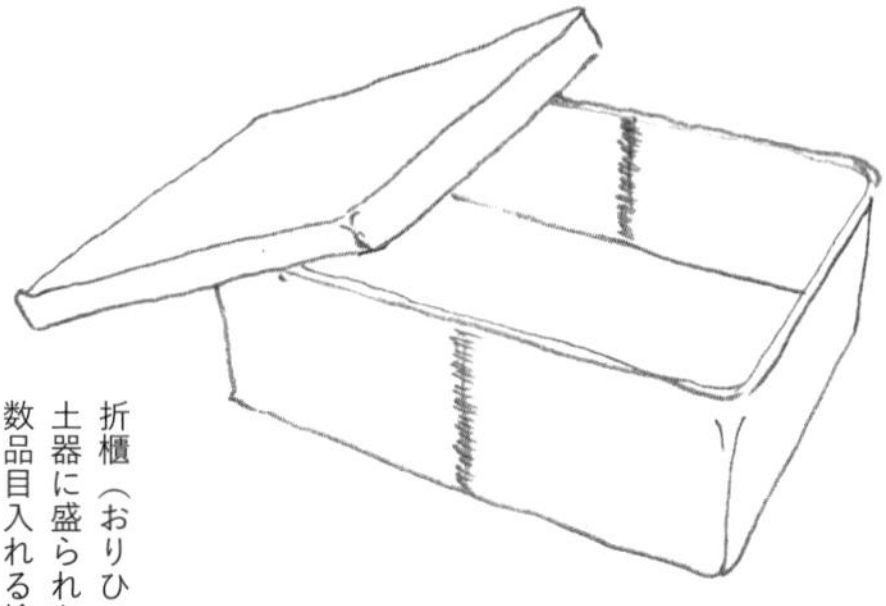

折櫃（おりひつ）
土器に盛られた神饌を数品目入れる檜製の箱

辛櫃（からひつ）
神饌を入れて神前へと運ぶための檜製の箱

内裏《だいり》で作られた水引

水引が作られた場所とは何処なのでしょう？

江戸時代中期の国語辞典である『倭訓栞《わくんのしおり》』には、水引は「もとは城殿《きどの》にて造る白の色なりしを後に赤を半にし青を半にせし也」とあります。また、同書によると、城殿とは「内裏にあり、城殿と書けり、細工所也」と記されています。

内裏とは、大内裏《だいだいり》の中に位置する天皇の住居を中心とした区域です。この内裏内にあった「城殿」と呼ばれる細工所で水引は作られたとされますが、特定することは難しく、一説には「城殿」と呼ばれたのはもっと時代が下ってからではないか、とも言われています。平安前期、内裏内には行事や儀式に用いられる宮中の調度品を製作する「作物所《つくもどころ》」が存在しましたが、水引を作っていたかは定かではありません。

平安中期には和歌に「水引」の文字が見られることから、もとは内裏内で水引が作られ始めたのだと考えられ、徐々

内裏(だいり)
天皇が生活する場所のこと。御苑や古代都城の中でも、特に天皇の居住地のことを示す。

座の発達
平安後期の院政の頃、律令制は崩れ商工民の専売同業組合座が発達する。朝廷、貴族、社寺の保護を受け、座役を納める代わりに製造・販売の独占権を得た。紙座、楮座、油座など様々あった。

に律令制が崩壊していくとともに、その技術が民間へと流出したと想像できます。

中世以降の城殿には、京都の内裏西辺りで扇や畳紙《たとうがみ》など紙に関する物品を製造販売をしたお店があり、はじめは職種名であったのが後に屋号になっていったとされます。このように、時代とともに職人から業者へと形を変えながら水引は作られていったと考えられ、現在に至るまで続いているのです。

紙屋院（かみやいん）
朝廷で用いる紙の製造を行っていた機関に「紙屋院（かみやいん）」がある。中務省図書寮（なかつかさしょうずしょりょう）の別所で、平安時代には京都の紙屋川のほとりにあったと推定される官営の造紙所。

畳紙（たとうがみ）
公家が正装の際にたたんで懐に入れ、鼻紙や歌などを書くのに用いた紙。また、柿渋や漆などを塗った厚紙をたたんで、衣類や女性の結髪具などを入れるようにしたものも畳紙という。

中国語で物を数えるときに使う言葉を「量詞(りょうし)」と言います。日本語の「〜個」や「〜冊」などにあたる助数詞のことです。その中に、「条」があります。川や紐、道の通りなど細長いものを対象に使用される量詞です。
日本では、水引を数える助数詞は一般的に「筋(すじ)」と言い、1本、2本のことを、1筋、2筋、と数えます。また、大きな単位になると「条」を使用する場合があります。

水引は3000筋や5000筋などの大きな単位になると、それらをまとめて「シマ」と呼びます。この時に、「1シマ、3000条」「1シマ、5000条」と言う場合もあるのです。

実は、中国で小麦粉を細長く加工したそうめん状の食品を「麺条(ミェンティアオ)」と言います。大きなまとまりになって紙で巻かれた水引「1シマ、5000条」の姿と、中国の「麺条」の姿がとてもよく似ていることは興味深い共通点です。

1シマずつにまとめられた水引

中国の麺条
(公益財団法人 味の素食の文化センター)

第二章

礼法《れいほう》

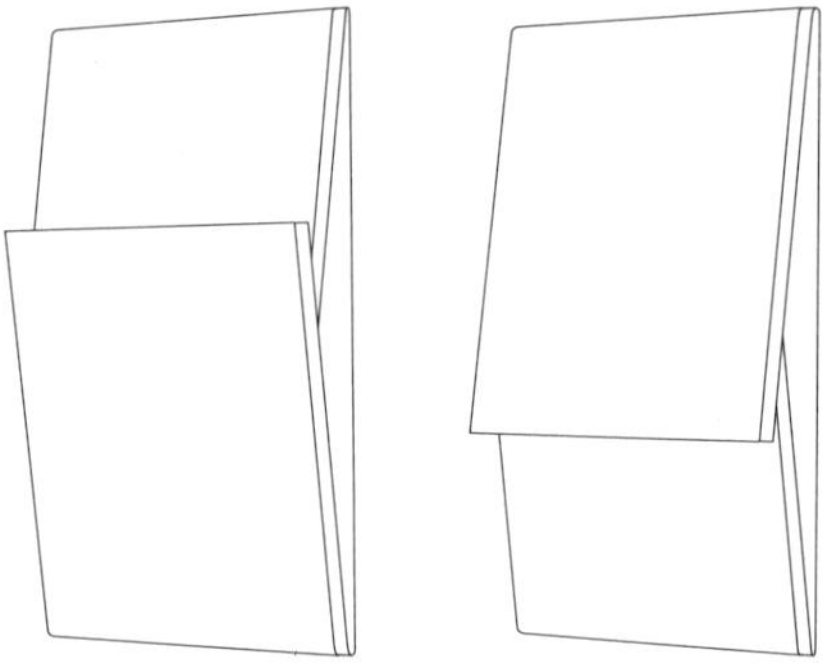

外包みの上下の重なり

金封マナーの流れ

しきたりやマナーは複雑で難しい。多くの人がそう考えるのではないでしょうか。

贈りものをするときに相手に失礼がないよう、間違ってはいけないと調べるほどに同じ事柄でも異なるマナーが書かれていることに困惑したり、間違っていると指摘された人もいるかもしれません。そのような体験によって、しきたりに対して消極的になったり大切にされてきた心が失われてしまっては本末転倒です。

しきたりと言っても様々ですが、金封《きんぷう》のマナーもそのひとつです。

例えば、お祝いの際にお金を中袋(内袋・内包み)に入れたあと、外包みの重なりがある場合に上下の折りはどちらを上側に重ねる方が正しいのか迷いませんか?

実はどちらも間違いではないのです。

何故このような違いが生まれてしまったのかというと、

しきたり
ある社会において昔から行われてきたならわしのこと。世俗的に共通認識としてある習慣。

作法(さほう)
人がある社会で他者と生活する上で必要とされる行動様式や立ち振る舞いのこと。

金封(きんぷう)
熨斗袋、祝儀袋、不祝儀袋など、お金を包むものすべてを総称して金封と言う。

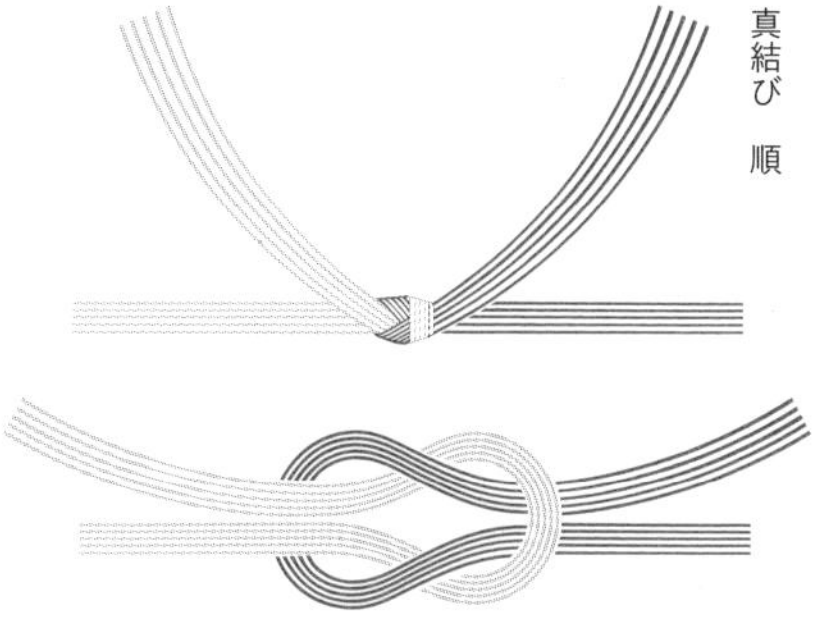

真結び　順

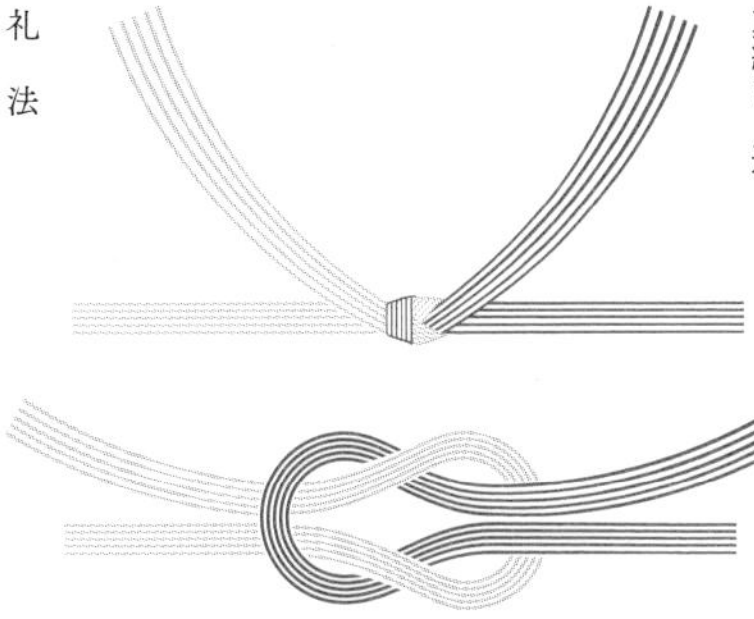

真結び　逆

そこには流派ごとの礼法(礼儀作法)が関係しており、流派によってそれぞれの考え方があるためのようです。

現在に至るまでには、次の四つの代表的な流派の作法が金封のマナーに影響を与えていると言えるでしょう。

・伊勢流《いせりゅう》
・小笠原流《おがさわらりゅう》(現在の弓馬術礼法小笠原教場)
・現代の惣領家流《そうりょうけりゅう》(現在の小笠原流礼法)
・水嶋流《みずしまりゅう》

※小笠原流を区別するために57ページの図中「小笠原流惣領家」の系統を引く流れを本書では「現代の惣領家流」と称します。

例えば真《ま》結びの結び方は、流派によって「順」と「逆」があります。伊勢流は順とし、小笠原流は逆とします。

礼法(れいほう)
『有識故実大辞典』(吉川弘文館)には、礼法とは礼を尽くす気持ちを表すための一連の動作であり、元来、神に仕える宗教的儀式であったと記載されている。

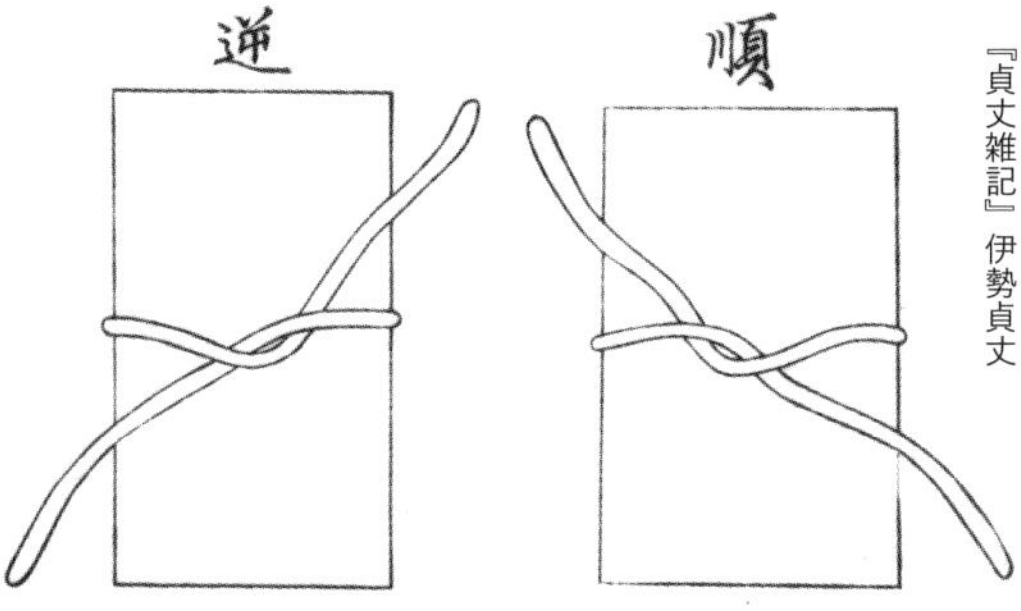

真結び　伊勢流
『貞丈雑記』伊勢貞丈

また、金封表側の紙を重ねる方向は、左図のように伊勢流は右前。小笠原流は、吉は右前、凶は左前。金封裏側の上下の重なりはというと、小笠原流は、吉には下の折を上側に重ね、凶には上の折が上になるよう重ねます。一方で、明治期の水嶋流は、吉は上の折を上に重ねました。

表面

伊勢流　右前（吉・凶）

小笠原流　右前（吉）

小笠原流　左前（凶）

裏面

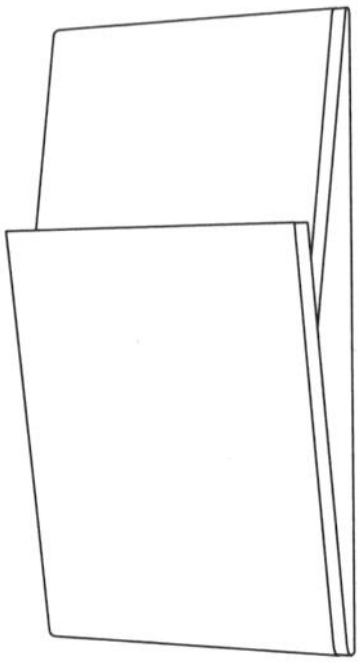

小笠原流　（吉）

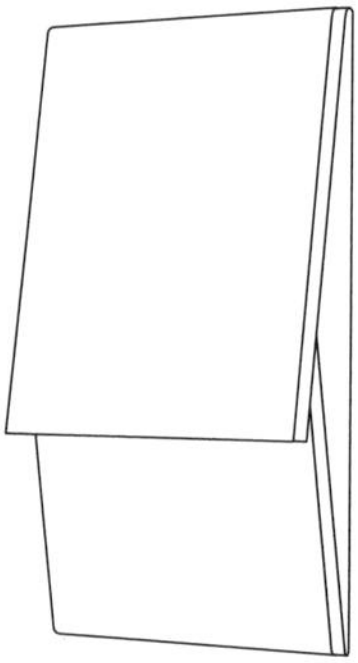

小笠原流　（凶）

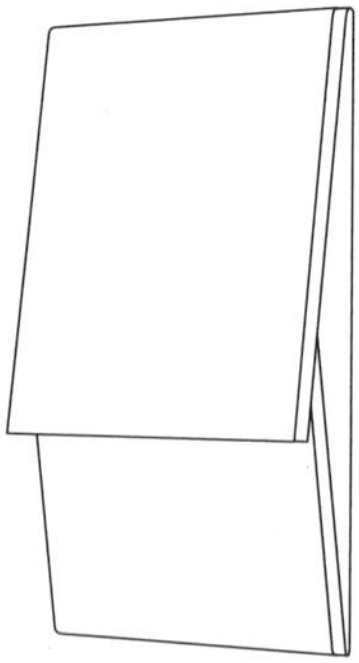

明治期の水嶋流　（吉）

このように、金封における水引の結び方や紙の折り方は流派によって異なり、どの流派の作法も間違いではなく、あるのは「違い」なのです。

内向きの礼法・外向きの礼法

それではどうして、このように異なる作法が共在したまま、現在の贈答における一般的な金封のマナーとなったのでしょうか。時代をさかのぼって見てみましょう。

贈りものである進物を白い和紙で折り目正しく包み、水引で結ぶ武家礼法のひとつである折形は、公家の礼式や文化の影響を受けながら鎌倉時代に誕生し、室町時代に確立します。

室町幕府三代将軍である足利義満は、武家の礼法を研究し、それを伝える役割が必要だと考えました。そして、弓馬の武術に優れていた小笠原家には外向きの礼法を、お城内のマナーである殿中の礼法に精通していた伊勢家には内向きの礼法を命じました。そもそも礼法に流派はなく、強いて言えば公家流、武家流(将軍家流)だったと言われています。その後、小笠原家と伊勢家はそれぞれ、外向き・内向き全般にわたる礼法を確立していきます。

当時、礼法に関する方法論や哲学は一子相伝《いっしそうでん》の秘伝。一般には公開されず、一門以外の人間は触れることができませんでした。

ところが、江戸時代になると変化が起こります。それまでは将軍家を中心とした上流武家のための礼法でしたが、江戸時代の中頃になると、戦のない平和な時代に入り、失業した下級武士や、礼法のたしなみをもつ御家人《ごけにん》が寺子屋などで礼法を教え始めるようになります。こうして、本来とは異なる礼法や折形がいくつも考案され、通称小笠原流と名乗る本流以外の流派が数多く派生したようです。

伊勢流

室町幕府3代将軍足利義満より、殿中に関する内向きの礼法の指南を命じられ、その殿中の礼法のひとつに進物を包む法式の折形があった。門外不出の秘伝は長く守られてきたが江戸時代中期、祖先からの決まりに背いて伊勢貞丈により『包結図説』が著され、伊勢家に伝わる室町幕府殿中で使われていた折形が細かに解説、図解され公表された。伊勢貞丈は故実家として膨大な研究に取り組み多くの著作を残している。一説には、伊勢流は足利将軍家の殿中作法を司ったが、豊臣家から徳川家への政権交代期に適切な対応をとることができず、貞丈の時代には伊勢家の勢いは弱まっていたとも言われている。

小笠原流【現在の「弓馬術礼法小笠原教場」】

小笠原流の祖、小笠原長清が源頼朝の弓馬礼法の師範となり、その教えは長男の長経に伝えられる。長経には長忠と清経の二人の男子がいたが、長男の長忠に受け継がれ小笠原一族の惣領家となり、一方の次男、清経は伊豆の赤沢に住み赤沢姓を名乗っていた。戦国時代、武田信玄に敗れた惣領家の長時(17代)、貞慶(18代)親子は伝書が散逸することを恐れ、長経の次男であった清経家の17代経直に糾方的証文を授け、道統が惣領家から清経家に移る。この時、赤沢姓から小笠原姓に戻り本流の小笠原流となる。以来、江戸時代を通じて代々将軍家の礼法指南を務めた。近代からは庶民にも教えるようになったが、一子相伝は守られ、小笠原流を名乗ってよいのは宗家一人とされる。時代は変わっても法式の基本は変えず、礼法を生活費のために利用すると弟子との間に妥協が起こり、流儀の品位が卑しくなるとの教えで、現在もなお他の職業を持ち生活を安定させた上で礼法を指導することとされている。

現代の惣領家流【現在の「小笠原流礼法」】

小笠原流の祖、小笠原長清から、長経（2代)、長忠（3代）そして長時（17代)、貞慶（18代）まで小笠原一族の惣領家とされたが、長時・貞慶親子は武田信玄に敗れ、小笠原家長経の次男であった清経家の17代経直に糾方的証文を授け道統を移し、京に逃れる。長時は会津で病死するが、貞慶は徳川家康の家臣となり、1582年（天正10年）に松本城に入り復活する。徳川時代、惣領家の人々は豊前小倉、肥前唐津、越前勝山などの城主として明治に至る。小倉藩主の家柄の忠忱は1885年（明治18年）に小倉女学校のために『小笠原流 女礼抄』を編み礼法活動が見られるが、現在の小笠原流は事実上昭和40年代に32代当主である小笠原忠統が創始したとされ、主に小笠原流のマナー教室を通じて礼法の普及活動を行い全国に広がった。

水嶋流

小笠原惣領家の長時、貞慶の親子は、清経家の赤沢経直の外に、家臣であった小池甚之丞貞成にも家伝の書を授けたとされる。小池は経直からの小笠原流とは逆に、門弟をたくさん抱え礼法を教えていた。孫弟子にあたる水嶋卜也が新しい流儀作法を確立するなど革新的な働きをし「水嶋流」として庶民へ礼法を積極的に普及させていった。近世の水嶋流では地域や家格など分限に合わせて変えて良いという特徴があり、江戸後期から近代にかけては伊勢流の法式も取り入れ、更には公家故実なども学びながら時代とともに新しい法式が見られる。水嶋流の流れを汲む礼法家には松岡明義(松岡流)、有住斎、石井泰次郎らがおり、石井は礼法家の正統は伊勢家であり伊勢流を学んだ松岡家こそが正統だとも唱えている。女性礼法家も多く、女学校で教師として教えるなど教育面へも影響が大きく、明治期の婦人雑誌にも多く掲載されている。現在の金封は、伊勢家の法式をも取り入れた水嶋流の影響が大きいとされている。

たくさんの小笠原流

それでは、なぜ一子相伝、門外不出の秘伝が庶民に普及し始めたのか。その発端は、江戸時代の前の戦国の世にあります。小笠原流の教えを受け継いでいた惣領家の十七代・小笠原長時《ながとき》と十八代・小笠原貞慶《さだよし》の親子は、戦いに敗れ伝書が散逸する危機を恐れ、親類筋である清経《きよつね》家の十七代・経直《つねなお》に糾方的証文を授けました。それは小笠原流の教えを伝える系統が惣領家から清経家に移ることを意味します。本流の流れが変わったのです。

しかし、長時・貞慶の親子は経直以外にも、家臣である小池甚之丞貞成《こいけじんのじょうさだなり》に家伝の書を授けていたとされています。『近世小笠原流礼法家の研究』（陶 智子著／新典社）によると、貞成は長時の子であったとも推察されています。ここで惣領家から小笠原流の教えに二つの流れができました。

証文を授かった経直は、小笠原流（現在の弓馬術礼法小笠原教場）の外部には口外しないという、一子相伝の伝統を守り続け、明治期まで将軍家以外には礼法を教えることはありませんでした。そして今に至るまで、基本的な法式

小笠原流系譜

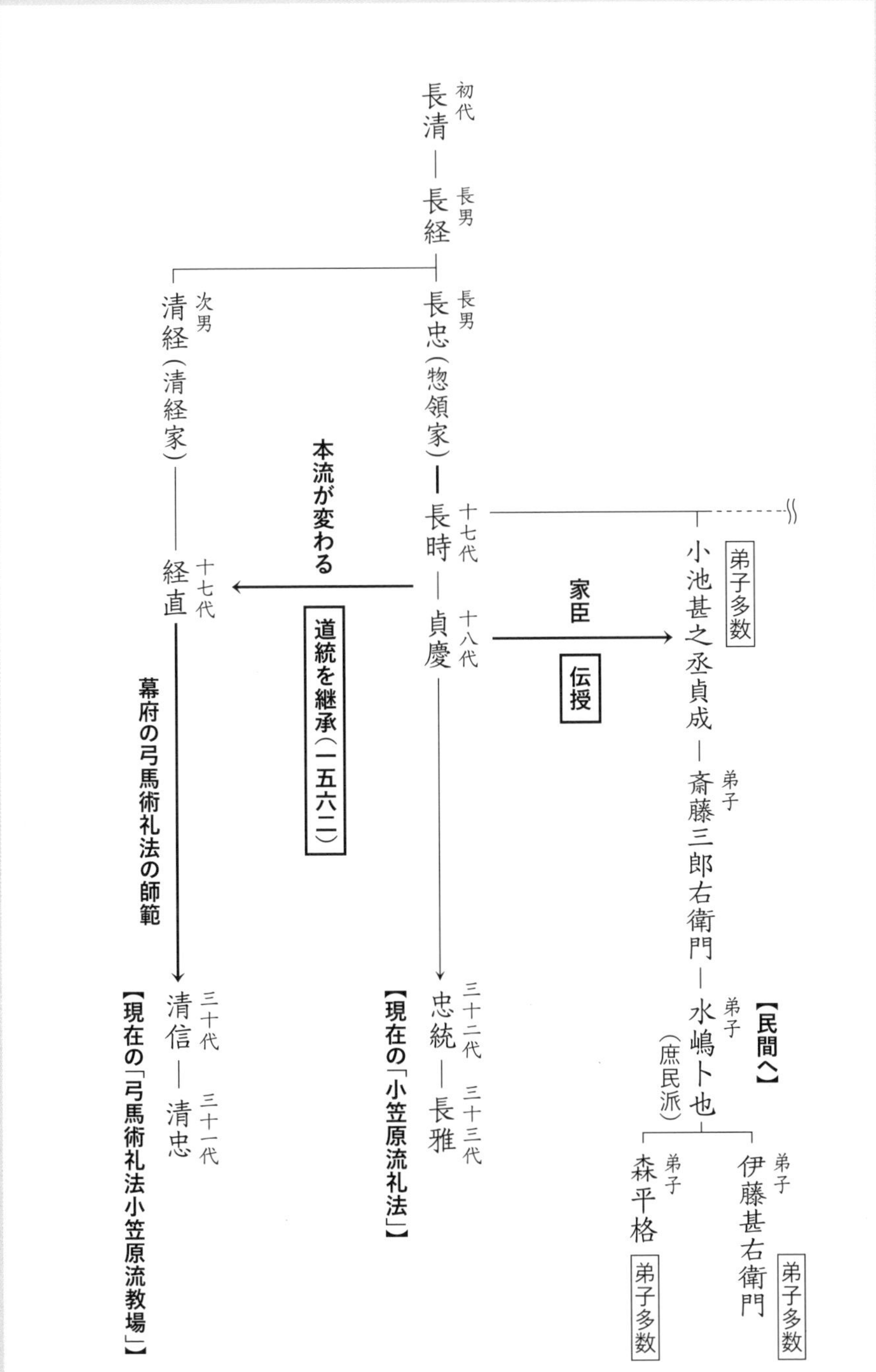

初代
長清
長男
長経
次男
清経（清経家）
長男
長忠（惣領家）
本流が変わる
十七代
長時
十七代
経直
道統を継承（一五六二）
十八代
貞慶
家臣
伝授
幕府の弓馬術礼法の師範
三十代
清信
三十一代
清忠
【現在の「弓馬術礼法小笠原流教場」】
三十二代
忠統
三十三代
長雅
【現在の「小笠原流礼法」】
小池甚之丞貞成
弟子多数
弟子
斎藤三郎右衛門
弟子
水嶋卜也（庶民派）
【民間へ】
弟子
森平格
弟子多数
弟子
伊藤甚右衛門
弟子多数

は変えず、間違ったことが伝わることのないように小笠原流を名乗って教えることができるのは宗家一人であるとされています。

一方の小池甚之丞貞成は門弟を多く集め、民間に礼法を教えました。貞成の孫弟子にあたる水嶋卜也《みずしまぼくや》(水島卜也)は特に注目され、「庶民派」や「庶流派」として他の礼法家とは異なり、新たな礼儀作法の分野を確立するなど革新的なところがあったとされています。「水嶋流」と称し民間に武家礼法を普及させ、その門弟の数は三〇〇〇人とも言われています。

『小笠原流礼法と民俗―婚姻儀礼と熨斗―』(村尾美江著／雄山閣)によると、近代の水嶋流は分限に合わせて法式を変えて良いという特徴があり、元は小笠原流の教えを受けていたが、江戸後期から近代にかけては伊勢流の法式を取り入れるようになったと言われています。水嶋流に学んだ多くの弟子によって水嶋流をさらに発展させた新たな流派や流儀も作られました。

こうして、近世、近代の礼法家たちは生徒を集めるのに

宗家(そうけ)
ある一族、一門において正嫡(せいちゃく・嫡流)の家系。またその家系の当主。

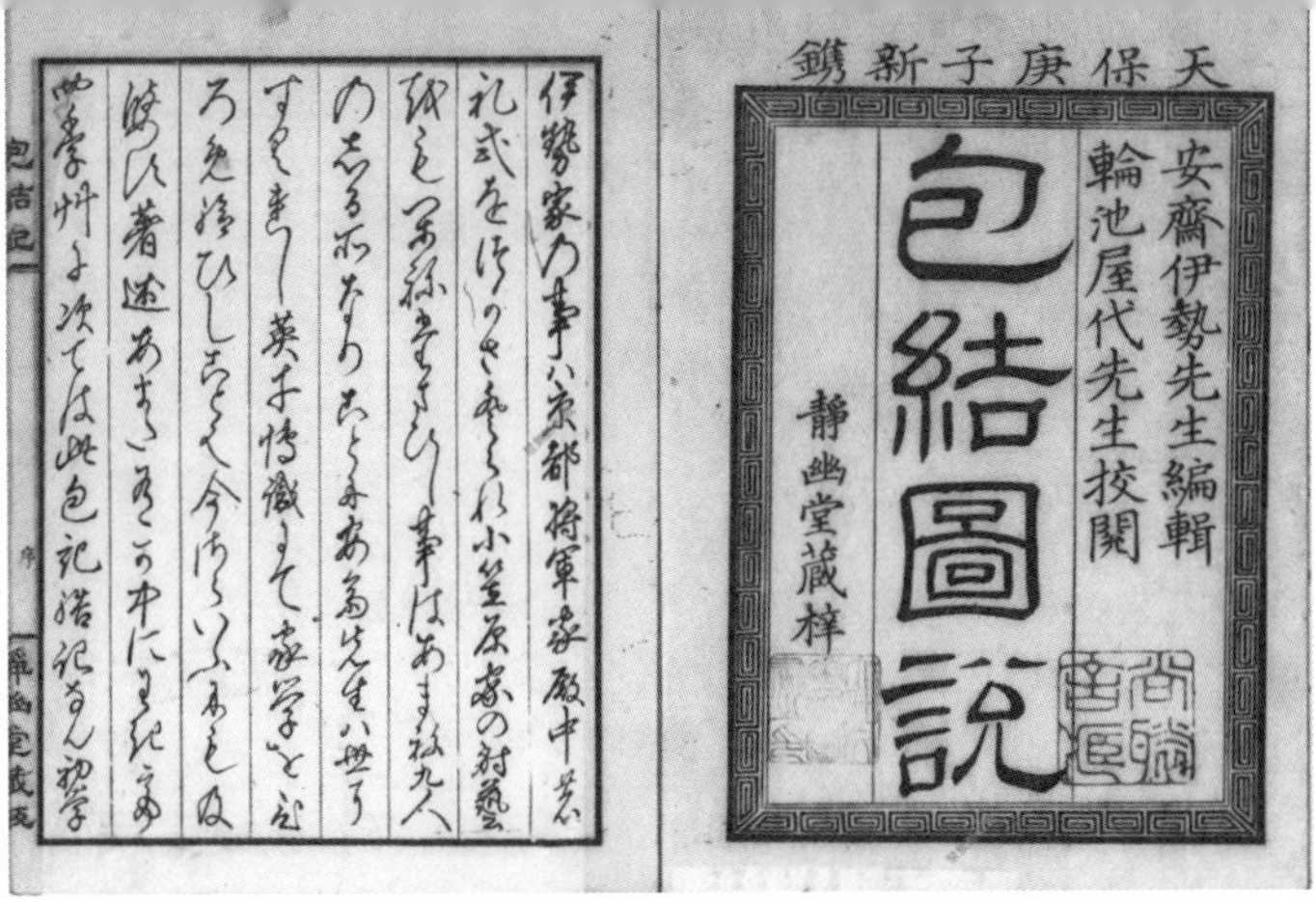

『包結図説』伊勢貞丈

も効果的であったため、どのような法式であれ、みな「小笠原流」を名乗ったのではないかというのです。様々に異なる流儀や作法があたかもひとつの流派の教えのように一般庶民に伝わっていた現象は、すでに江戸時代から始まっていたのです。

町民がもとめた礼法

紙が一般に普及した江戸時代、多くの礼法指南書が出版されました。市中でも比較的容易に入手することが可能になって礼法の需要は増えていきました。様々な流儀の教えは拍車がかかったように広く行き渡ります。

本来の原則を無視した折形が蔓延していく状況が耐え難いと嘆いた伊勢貞丈は、伊勢家秘伝の決まりに背いて武家礼法や武家故実を正確に書き残し、一八四〇年に『包結図説《ほうけつずせつ》』として出版されました。こ

『包結記』(ほうけつき)
伊勢貞丈によって宝暦九年(一七五九)にまとめられ、宝暦一四年(一七六四)に内容が追加され成立。天保十一年(一八四〇)に『包結図説』として上下二巻の版本として出版された。

れこそが室町時代から続く本来の武家礼法だとバイブルともされたでしょう。しかし、すでに流布してしまった通称小笠原流の流儀は庶民にすっかり浸透し、ひとつの流派として確立してしまっていたのではないでしょうか。江戸中期になると、経済的な実力を備えた町人階級の力が強くなり、それまでは将軍家のものであった礼法が豪商たちの間でも格式として求められ普及し始めました。口外を許されない将軍家の礼法とは「別のものとして」庶民にも使用できる作法として喜ばれ、取り入れられていったのではないかと思います。

贈りものが変われば、作法も変わる

異なる作法が増える理由には、贈りもの自体の変化も大きな要因です。吉事の贈りものの変遷を辿ると、礼法が確立した室町期には馬具・弓・太刀などの武具、反物の生地や帯などが進物の中心でした。また、江戸時代

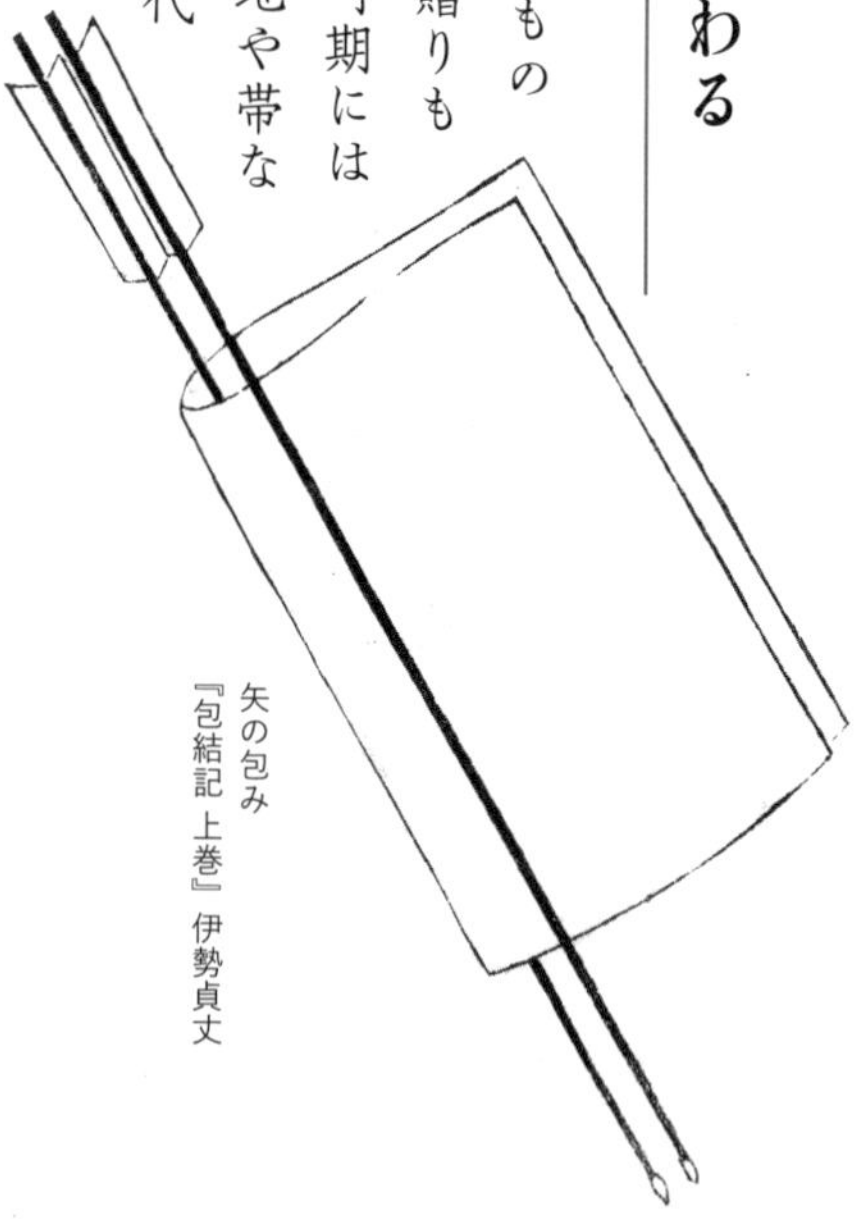

矢の包み
『包結記 上巻』伊勢貞丈

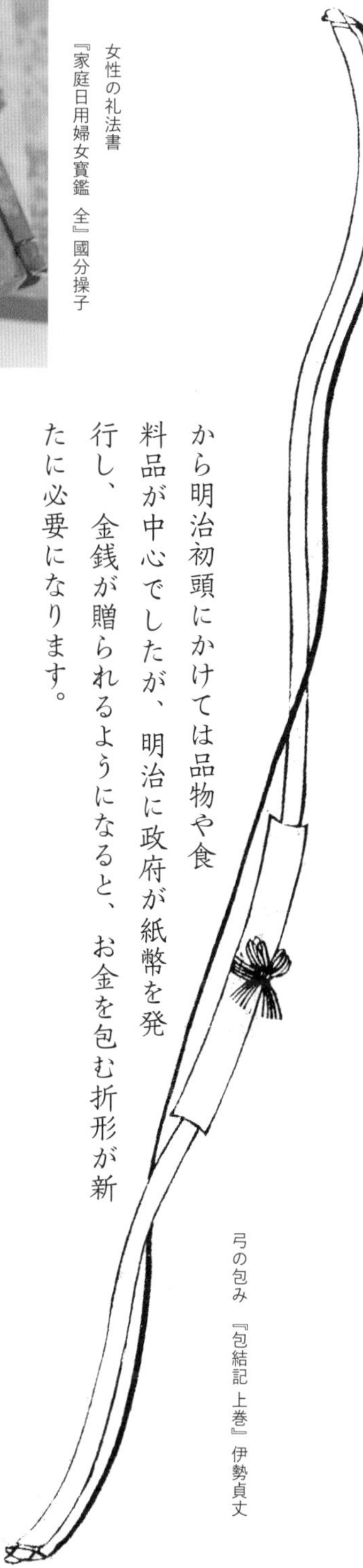

弓の包み　『包結記 上巻』伊勢貞丈

から明治初頭にかけては品物や食料品が中心でしたが、明治に政府が紙幣を発行し、金銭が贈られるようになると、お金を包む折形が新たに必要になります。

　印刷技術の発展にともない、水引や熨斗の図案が印刷された簡略タイプの熨斗袋も出てきました。明治四年の断髪令によって、元結から水引製造へと転身する水引職人が増え、この頃には流派や礼法家とは別に熨斗袋などを製造し生業とする業者がありました。

　また、女子教育として学びの場で礼法が教えられるようになると、女性用の作法書や雑誌にも折形や水引の結び方が掲載され、「女性のたしなみ」が全国に普及しました。この頃すでに、礼法の教えが基盤となっている教科書や作法書は、関わる流派や礼法家によって内容に相違点が見られます。

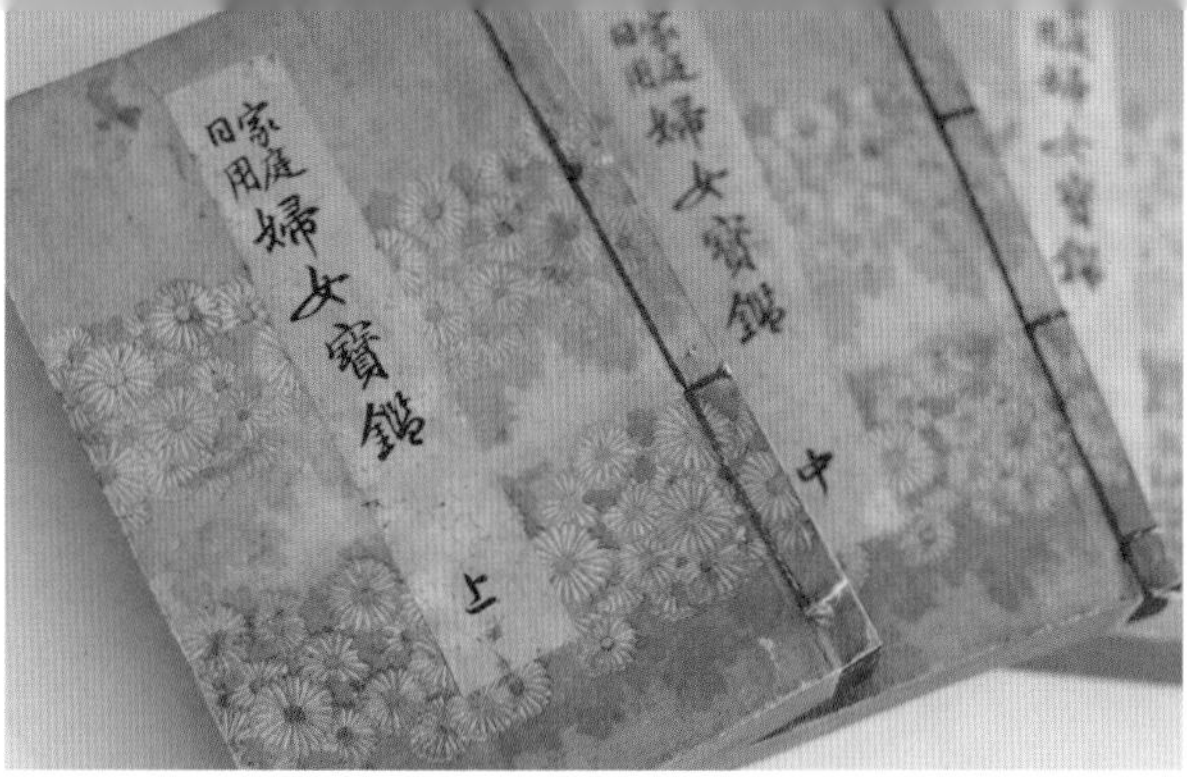

女性の礼法書
『家庭日用婦女寶鑑　全』國分操子

日本が戦時体制に移行すると、出兵する兵士への心付けや多くの戦死者への弔問用として、金封と名付けて販売する業者が全国に広がるようになります。

また、それまで略式とされていた印刷タイプの熨斗紙や熨斗袋は、改まった場合や目上の人には用いるべきではないとされていましたが、「戦時下において物資を大切にする必要があるときは絶対に悪いことではなく、時に応じて軽重をはかってもらいたい」と国家が推進したのでした。本来は折形の略式として考案された金封が戦時中の推奨によって上流家庭から農村部にまで一気に広まり、戦後も人々の生活に定着していきました。

自らで包み結ぶ礼法は、女性のたしなみとして一般教養になりましたが、戦後になると封建的だという見方によって学校教育から姿を消していきました。戦後、高度経済成長期に突入すると、機械製造が主流となり、効率が重視され大量生産・大量消費の世の中になっていきます。金封も価格優先となり安価で製造できる海外生産を主軸に、よりコストを抑えるため印刷や機械折の版の数を少なくしていきました。やがて業者が製造する金封は地域性が薄れ、規格が統一されていきます。

数ある流派の中から金封製造業者がどの流派の作法を参考にしたのか、現在では、その影響が大きいと考えられます。もともとは専門店や文具店で店員と対話しながら用途に合ったものを選んで購入していたものが、流通の発達によってチェーンストア（コンビニエンスストア、スーパー、量販店など）で購入することが多くなり、商品の裏面に書かれた説明文や、雑誌等のメディアで頻繁に目にするマナーが定着し、常識とされていったことがうかがえます。

現在の金封は、同じ形のものを包む際は同じ折形をする伊勢流の法式と、水嶋流の折形や小笠原流の裏の重ね方を取り入れ融合した、現代の惣領家流の法式が主流となっているようです。

「違い」であった各流派の法式は、その違いを知らない人が見ると「間違い」になります。もともと答えがひとつではないのですから、私たちは礼法には違いがあるものだと分かった上で選択することが大事なのではないでしょうか。

流派によって作法は異なりますが、「吉」や「凶」を紙の折り分けや結びの違いで表現してきた折形の哲学や美学は、効率や低価格化に重きを置く時代の中で影を潜めていったと言わざるを得ません。

元来、畏敬の念を抱きながら自然と対峙し、一体化しながら生活を営み、外来のものを排除することなく寛容性をもって融合させてきた日本人。そのユニークな文化形成の意識は、これからの時代の考え方としてもっと見直される必要があるのではないかと思うのです。

賢く選ぶ知識や判断基準も必要です。時代の過程で無くなってしまったもの、変化したことがあります。それは何故でしょう。伝統をアップデートするには、まずは元の源流を知ることが大切だと思うのです。

将軍家の独占文化であった武家礼法は、江戸時代になると有力な町人たちの間でも格式として取り入れられ、急速に普及し始めました。その大きな役割を担ったのが「往来本」「往来物」の存在です。紙の普及にともない、書物の出版が増えたこの時代、庶民が礼法や折形を勉強できる往来本は寺子屋で学んだり、女性が家で独学するための教科書とされました。折形の他にも、日本地図や各藩の名称、漢字の書き方や九九の計算、暦や陰陽五行など、様々なジャンルが網羅された知恵本として、大変人気を博しました。

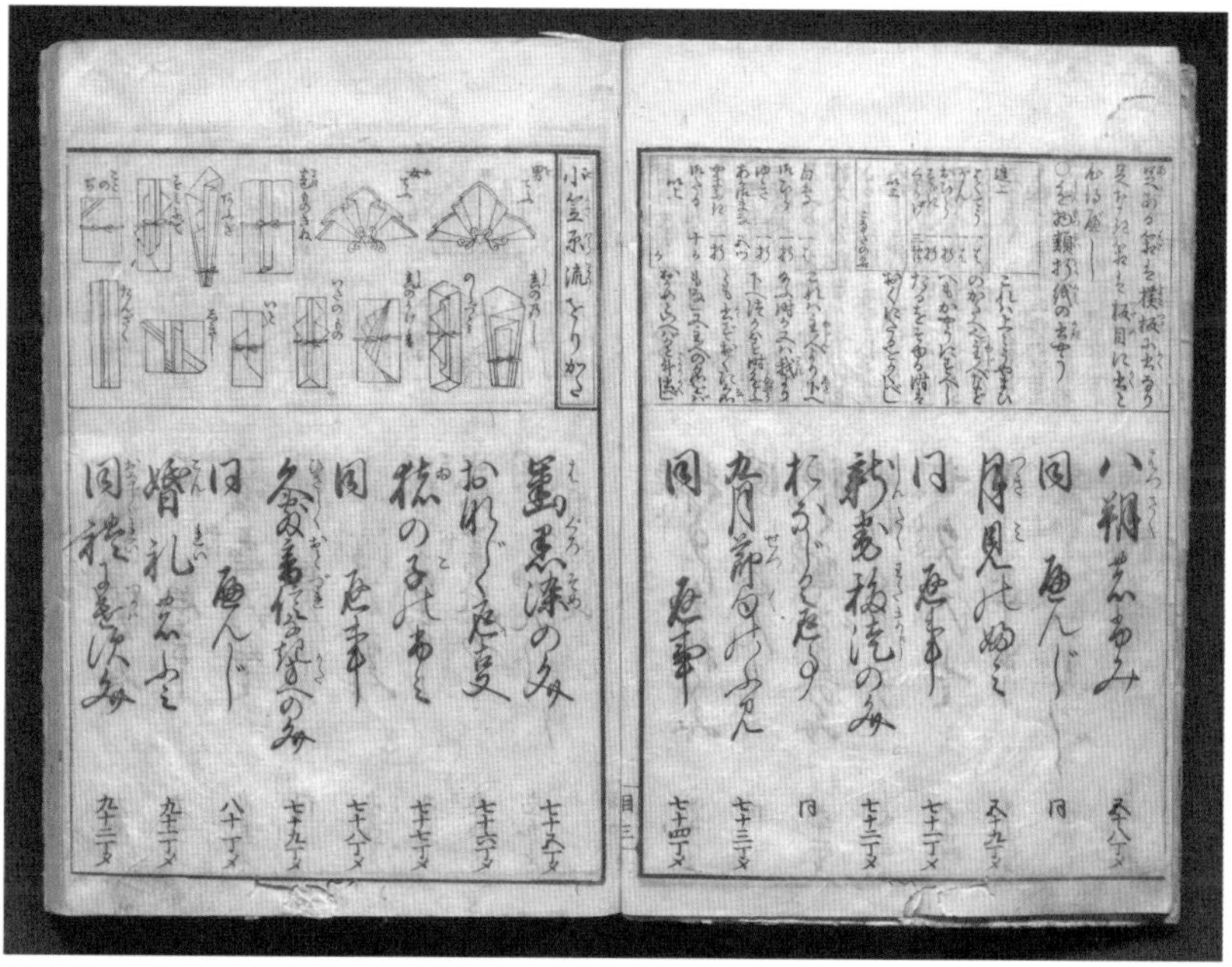

往来本　『女用文章糸車』

第三章

基本の結び《きほんのむすび》

基本の結び――真《ま》結び・両《もろ》わな結び・あわび結び

この章では、現在までに至るお金の包み方と「金封における水引の基本の結び」の変遷を見ていきます。先に述べたように、すでに江戸時代には流派によって教えに違いがありました。

各流派を交えて、世間一般の庶民が手に取った教科書や作法書（マナーブック）を中心に、基本の考え方や法式が時代に応じてどのような変化を遂げてきたのか、大きな傾向を俯瞰して追ってみます。

まずは、現在の「基本の結び」から見てみましょう。

吉事／慶事	結婚祝い、出産祝い、年祝い、卒業、開業、昇進、新築、お中元、お歳暮など
見舞	病気見舞、災害見舞、陣中見舞など
凶事／弔事	葬儀、法事、忌中見舞など

見舞（みまい）
お中元やお歳暮を贈る時期を逃してしまったときには、「暑中御見舞」や「寒中御見舞」として贈る場合もある。

年祝い（としいわい）
決められた年齢で健康や長寿を祝うこと。

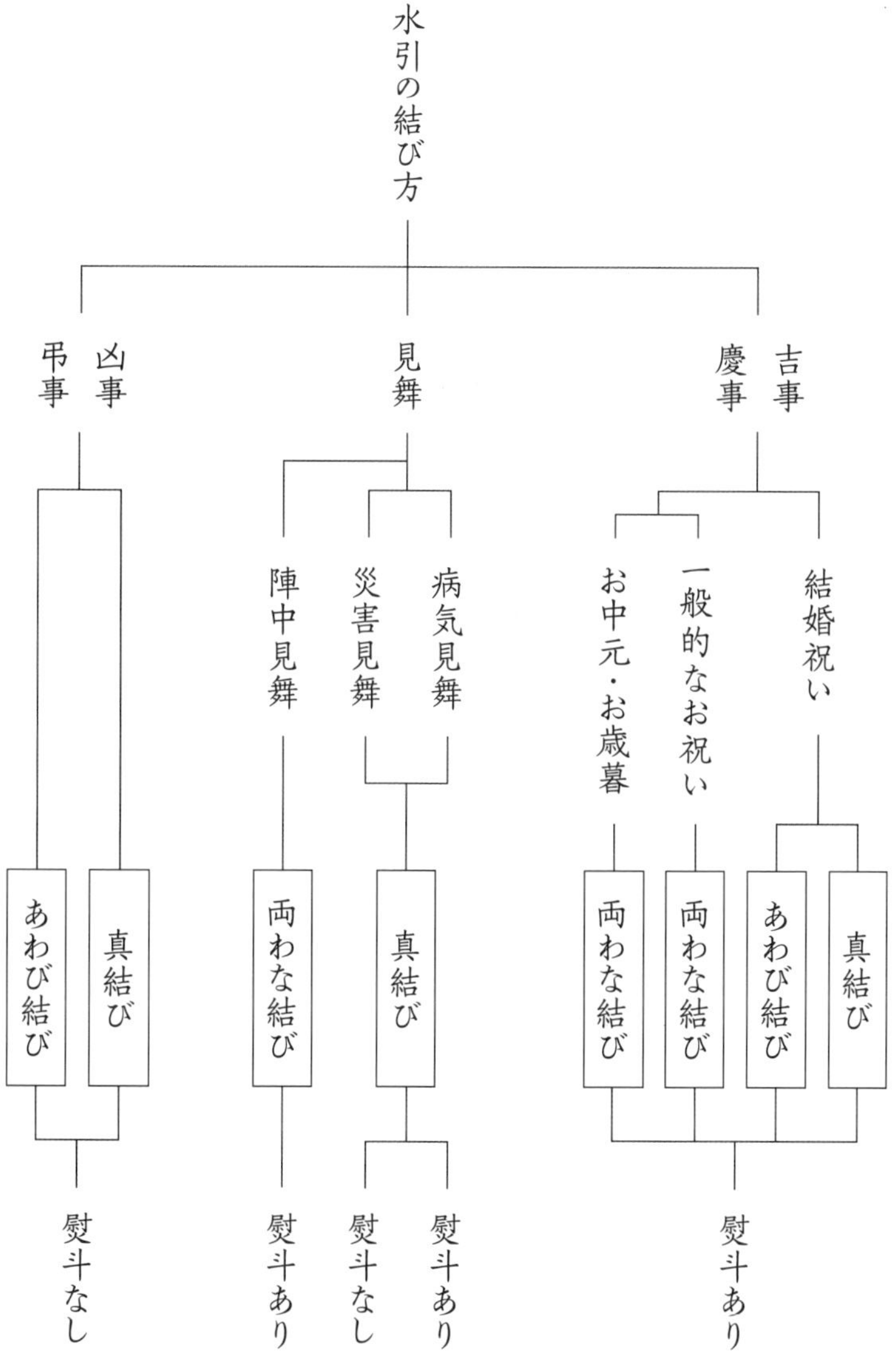

※ 地域や宗教、流派によって異なる場合があります。

真結び

基本の結びには「真結び」と「両《もろ》わな結び」と「あわび結び（あわじ結び）」の三つがあります。

結び切り、こま結び、本結びとも言います。一度結ぶと簡単には解くことができず、水引の端を引くほど結び目が固くなります。結び直しがきかないので結婚祝いや弔事など、一度きりであってほしい場合に用います。

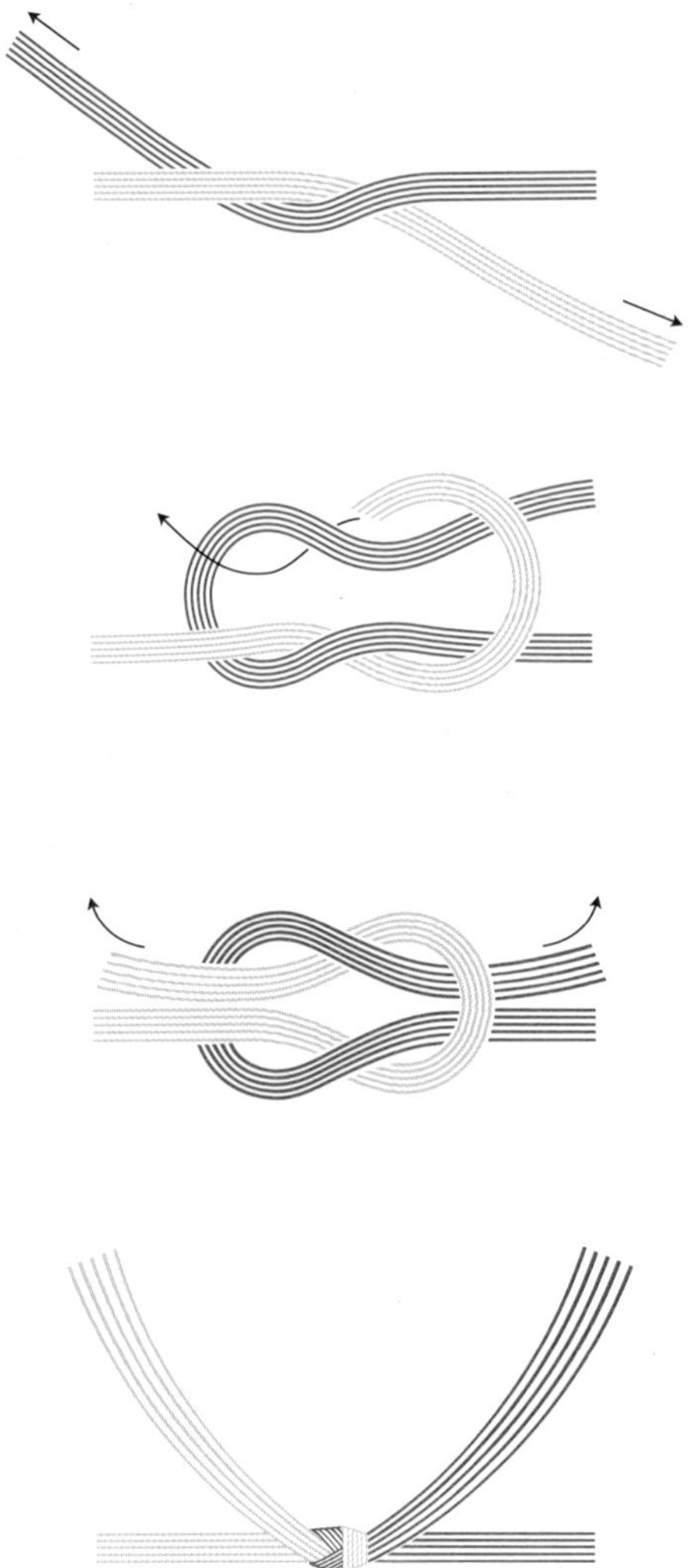

冠婚葬祭（かんこんそうさい）

冠・・・成人、出産など人生の節目に行う儀式

婚・・・結婚に関する儀式

葬・・・亡くなった人を想い別れを行う儀式

祭・・・亡くなった人や先祖を想い祀る儀式

両わな結び

蝶結び、花結びとも言います。二つの輪がある両わな結びは、水引の端を引っ張ると解けて再び結び直すことができることから、出産祝いや入学祝いなど、何度あっても良い場合に用います。

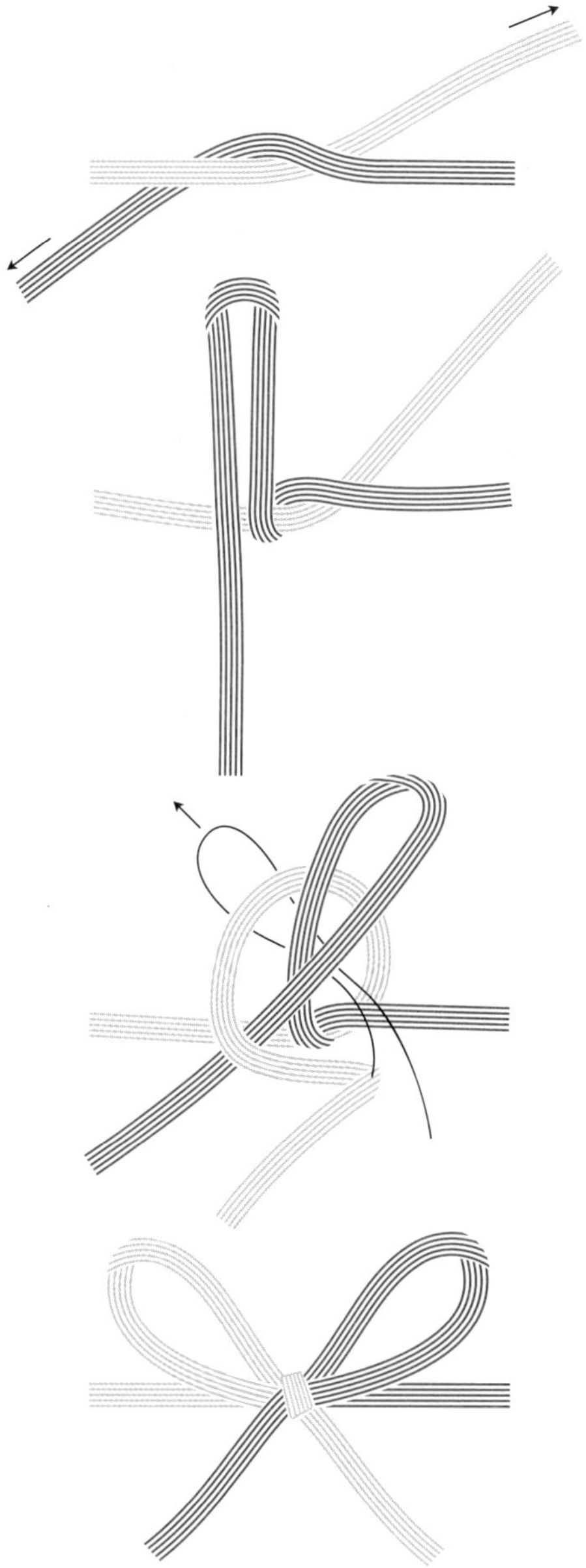

あわび結び

あわじ結び、葵《あおい》結びとも言います。結び切りの一種です。一般的に真結びと同様に用いられることが多いのですが、関西地方では結び切りを本式として用いる場合もあり、何度繰り返しても良いお祝い事にも使用されます。

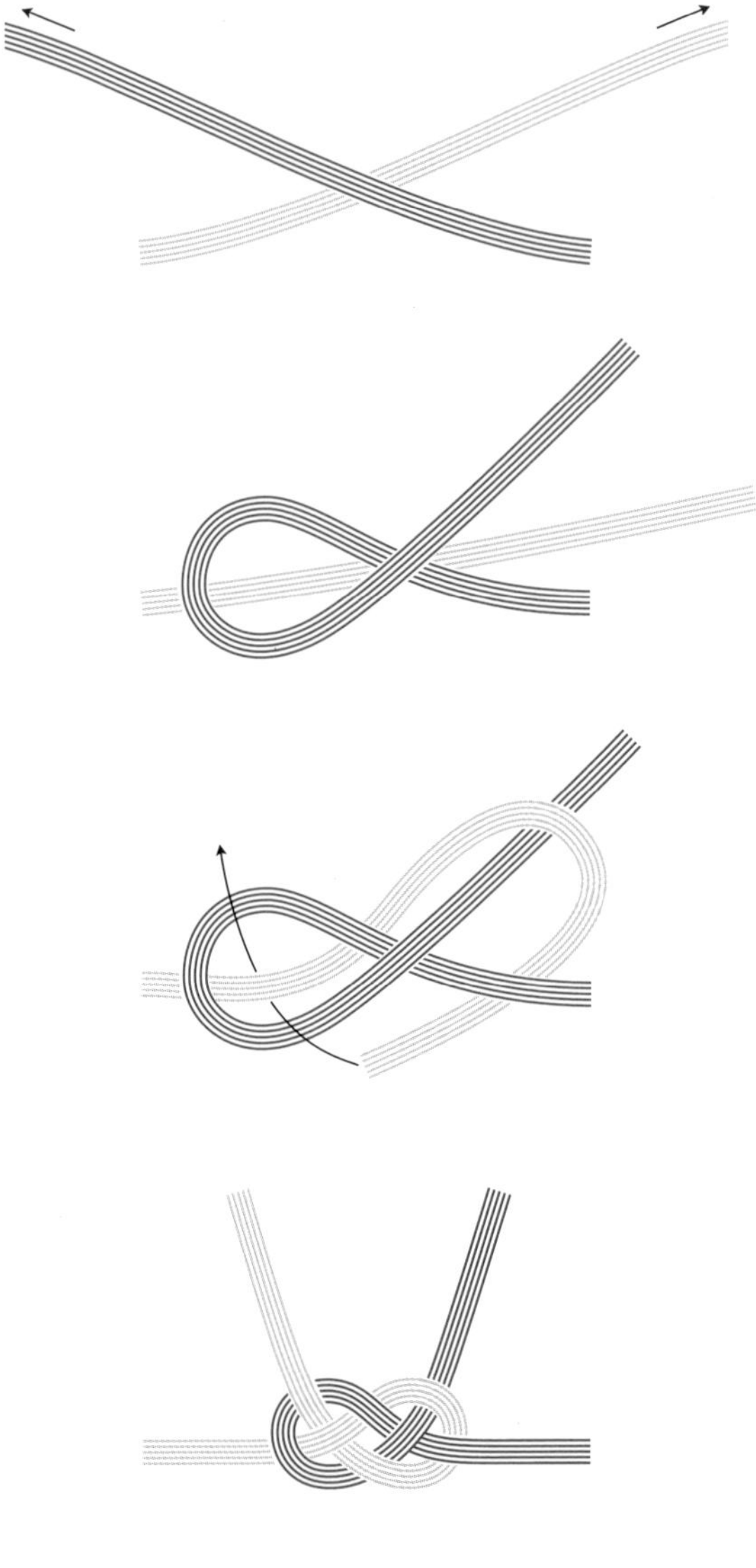

明治以前は贈りものといえば物品や食品が中心だったので、お金の包み方が紹介されるようになるのは主に明治以降となります。

しかし、金封の礎となる折形の考え方を記した武家礼法の資料である『包結記』には次のようにあります。少し長いですが、水引の基本を伝えている大事なところなので引用します。

水引の結びは、丸い物は「片わな」に結ぶものである。わなを左にして、その端を右にする。

これは端を右手にとって結びを引き解くためである。平たい物は「両わな」に結ぶ。丸いのは天の形であって、すなわち陽である。また、物の数が奇数のものは陽である。したがって丸い物は片わなに結ぶ。平たいのは地の形であって、すなわち陰である。物が並んでいるのは陰である。したがって平らな物は、両わなに結ぶ。このことは古くからの伝えである。

『伊勢貞丈「包結記」』荒木真喜雄

『伊勢貞丈「包結記」』
伊勢貞丈がまとめた『包結図説』を底本に、包み・結びの専門技術と知識をもつ荒木真喜雄が翻刻および現代文に読み解きをした書。淡交社刊。

公家の進物作法
戦国時代から安土桃山時代にかけての公卿であった三条西実枝（さんじょうにしさねき）の有職故実書『三内口決（さんないくけつ）』では、室町時代末期頃の公家の使用例が伝えられている。中が見えるものには片わなで結び、少しでも開かないと中が見えないものは両わなで結ぶ、とあり進物が見えるか見えないかで区別している。

わな
輪奈とも。元は、縄や竹などを輪の形にして、その中に入った鳥や獣を生けどりにする仕掛けに由来する。

基本の結び

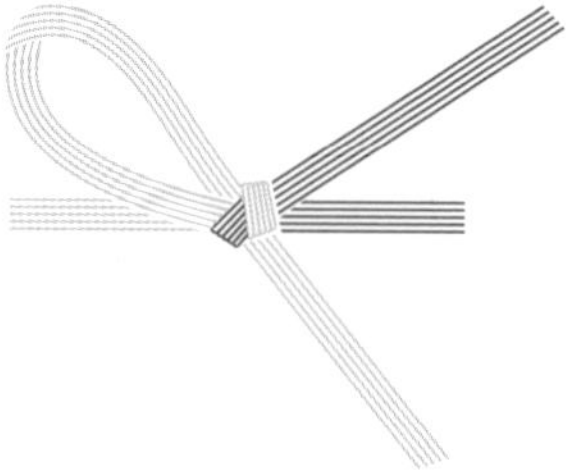

片わな結び

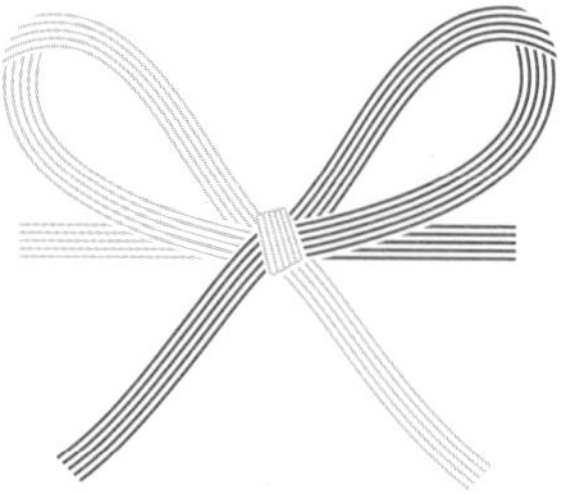

両わな結び

伊勢貞丈は、陰と陽を用い水引の結びを解説しています。「陽」であるのは、丸いもの。巻物や反物などは天の形であるので「片わな」に結びます。「陰」であるのは、平らなもの。畳まれた織物や帯などの板状のものは地の形であるので「両わな」に結びます。この「片わな」と「両わな」が水引の結び方の基本です。

室町時代から殿中の内向きの武家礼法を司ってきた伊勢家の教えは「陰陽」に則って定められています。陰陽《いんよう》五行《ごぎょう》の章（101ページ）で詳述していますが、明治三年に新政府が廃止するまでは陰陽説は日本人の生活と密接な関係にあり、物事を判断する際の拠り所でした。

『包結図説』には、あわび結びと真結びは装束、身辺用具、武具などを結ぶときに用いられる花結びから発展した装飾性の高い「紐結び」として紹介されています。

水引結びの変遷

明治時代になると、「片わな」と「両わな」に加えて婚礼と凶事に用いる「真結び」が水引の結び方に仲間入りしました。婚礼や凶事以外の一般的な吉事には、ほとんどの場面で「両わな結び」が用いられたとされています。明治期の基本の結びは次の三種です。

片わな結び
両わな結び
真結び

明治三年に新政府が「天社禁止令《てんしゃきんしれい》」を発布し陰陽道を廃止すると、これを機に作法書からも陰陽の文字は姿を消していくことになります。

明治五年、新政府は学制を発布し修身の一環として礼

一九〇〇年の結び事情

明治三十三年に出版された『包結之栞 女子教科・上』(斎藤円子編／大倉書店)には「今時は包物の丸平には拘わらず、一般に両輪結を用いる」とある。

小學女禮式

法教育を進めました。それまでは民間に伝えられることのなかった小笠原流も文部省や東京府へ礼法の必要を建議し、明治十四年に『小學女禮式』が刊行されます。それ以降、礼法に関する教科書が数多く出版され、明治期は百花繚乱《ひゃっかりょうらん》と喩《たと》えられるほど各流派がそれぞれの流儀をもって民間へ礼法を伝えるようになりました。明治期の学校教育における礼法は、小笠原流と、幕末からは伊勢流をも取り入れてさらに発展した水嶋流の影響が大きいと言われ、紐結びを水引に置き換えた複雑で装飾性の高い水引結びも流派によって様々に考案されました。

この時代の多くの作法書で目にする技法が「老《お》いの波《なみ》」です。真結びをどのように「婚礼」と「凶事」に結び分けたのかと言うと、結んだ水引の端を切らずにくるくると丸めて、寄せて来る波のように施したものが「婚礼用」。一方、水引の端を切って老いの波が寄せてこないものが「凶事用」でした。

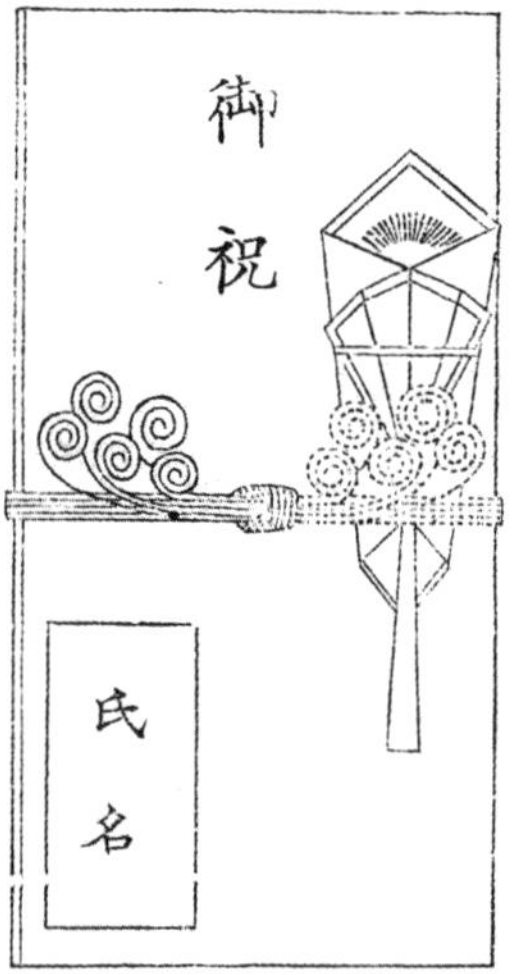

老いの波（婚礼用）
『改訂女子普通作法教科書』錦織竹香

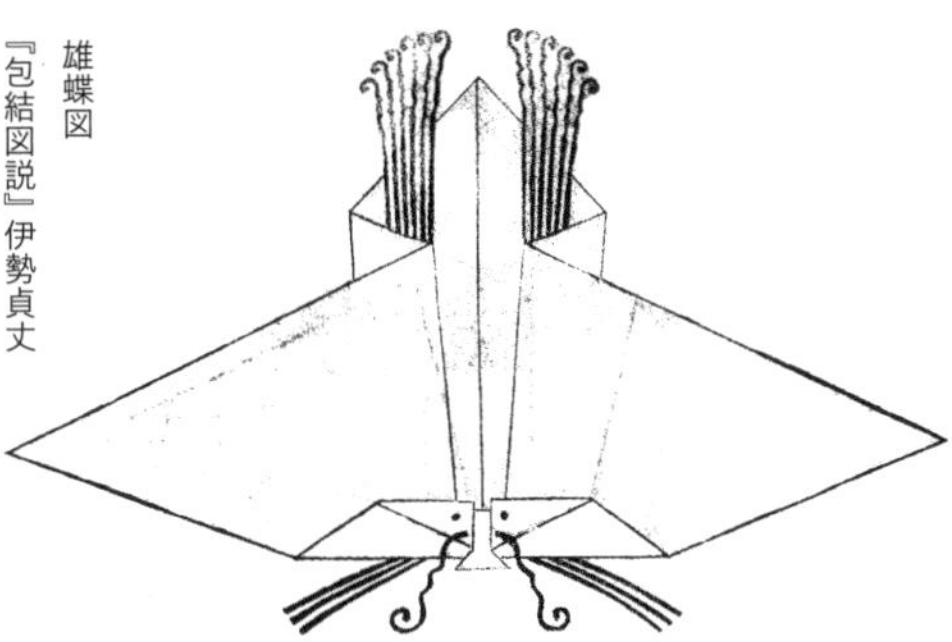

雄蝶図
『包結図説』伊勢貞丈

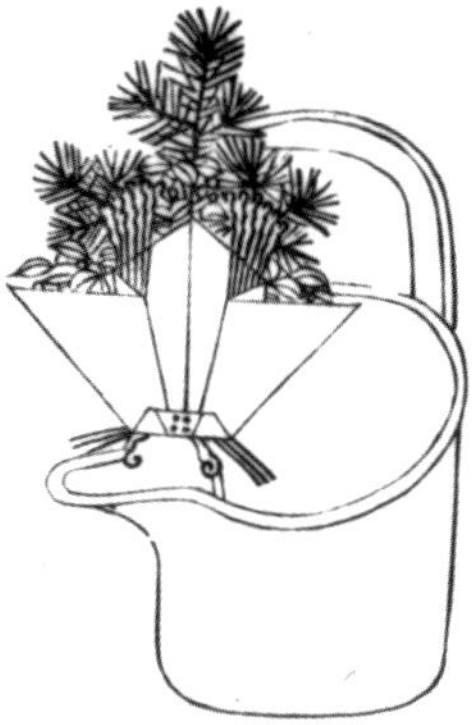

雌蝶図
『包結図説』伊勢貞丈

老いの波は、『包結図説』でも紹介されている伊勢流の瓶子《へいし》の口包《くちづつみ》の両わな結びや、銚子飾りにつける雄蝶・雌蝶のひげに用いた技法を元にして、水嶋流の礼法家によって取り入れられたようです。

大正期になると、一般的には「片わな結び」の影が薄くなり、代わりに台頭してきた結びが「あわび結び」です。大正時代の基本の結びは大きく四種です。

両わな結び

真結び

あわび結び

逆《さかさ》あわび結び

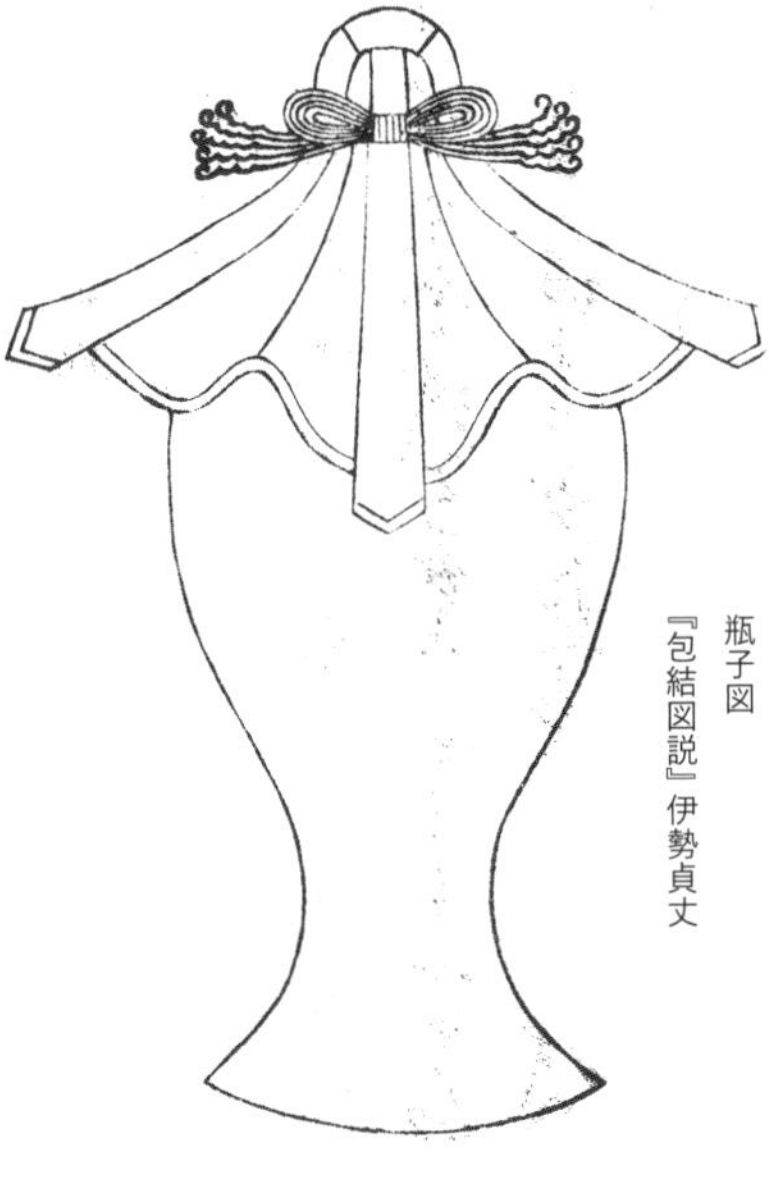

瓶子図
『包結図説』伊勢貞丈

基本の結び

あわび結び

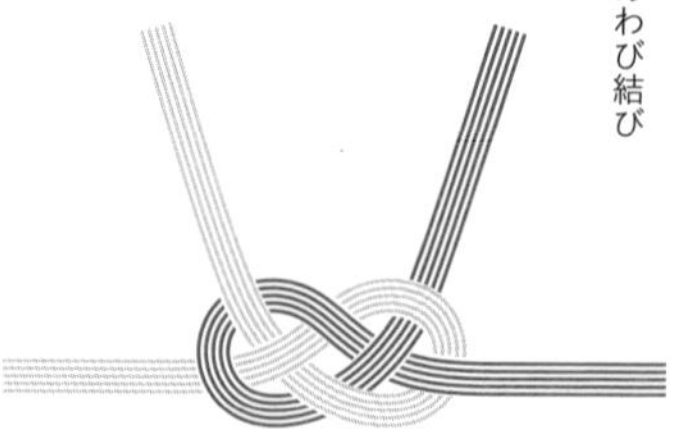

逆あわび結び

大正十五年に出版された『実用　作法新教科書』(大妻コタカ／文光社)の中では「あわび結び」はこのように書かれています。

あわび結び　「凶事以外には何に用いてもよい」

逆あわび結び　「凶事のみ用いる」

現在よく目にするあわび結びは、大正頃より一般的な水引結びとなり、吉凶によって結びの形に区別があったことが分かります。

大正十年に出版された『小笠原流折形と水引の結び方奥伝図解』(石井泰次郎／和風会出版部)には、真結びの説明の中で「水引の端を切るもの、切らないもので結び留め、結び切りなどの教えがあるが、古式には無かった」とあり、時代に応じて新しく解釈されてきた様子がうかがえます。陰陽道が廃止される前は陰陽の考え方が基本にありましたが、新しい時代に即した分かりやすくて覚えやすい基本の考え方が必要とされたのかもしれません。

『実用　作法新教科書』

大妻学院の創立者である大妻コタカによってまとめられた、女子教育における作法の教科書・参考書。姿勢の取り方や挨拶の仕方、食事や贈答の心得などあらゆる作法が記されている。大妻コタカは日本における女子教育の草分け的存在とも呼ばれた。

『小笠原流折形と水引の結び方奥伝図解』

水嶋流を学んだ石井泰次郎によって書かれた実用書。分かりやすい図案による水引の結び方と結びの説明が丁寧に紹介されている。

昭和期は戦争の影響が著しく、戦前と戦後では生活様式や考え方が一変します。日常の礼儀作法もそれまでと大きく異なるものに変化し、金封における基本の結びと考え方にも変化が生じます。

この頃から、真結びは「二度あってはならない場合」、両わな結びは「幾度重ねても良い場合」の考え方が普及し、作法書にも書かれるようになります。その考え方が波及したのか、お見舞い用の結び方が、それまでの「真結び以外」から「真結び」とされるようになりました。これはとても大きな変化だと思います。

他にも、凶事のみに使用された「逆あわび結び」が影を潜めていき、凶事は真結びに集約されていくようになりました。現在、一般的に凶事用として黒白水引で結ばれた「あわび結び」も使用されていますが、まだこの頃はあわび結びは吉事に用いる結びであり、凶事には使用されていないようです。

昭和四十五年以前までの作法書には、黒白の水引で結ぶあわび結びの記載は見当たらず、まだ真結びを推奨していることから、少なくとも昭和四十五年以降からあわび結

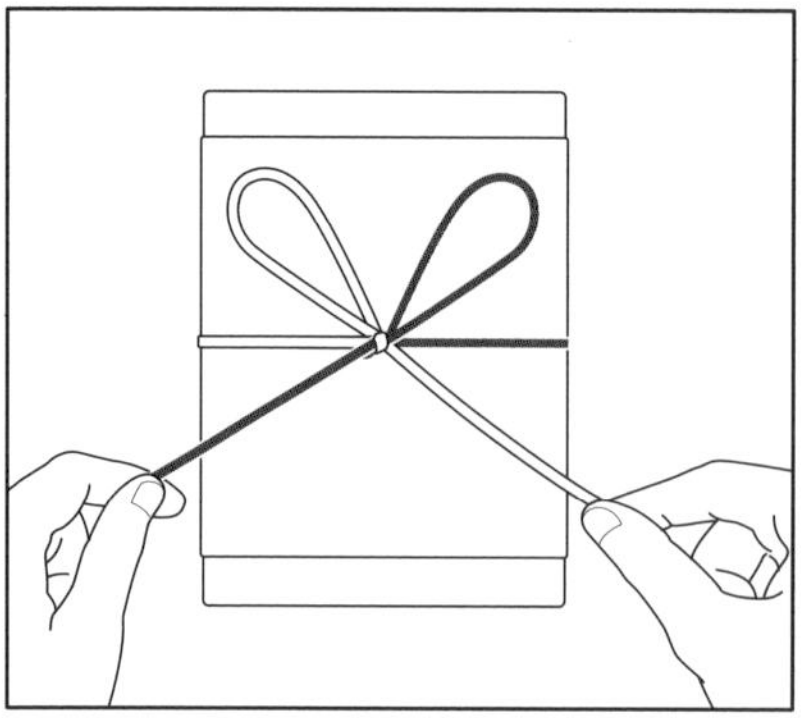

平たいもの　紐の解き方

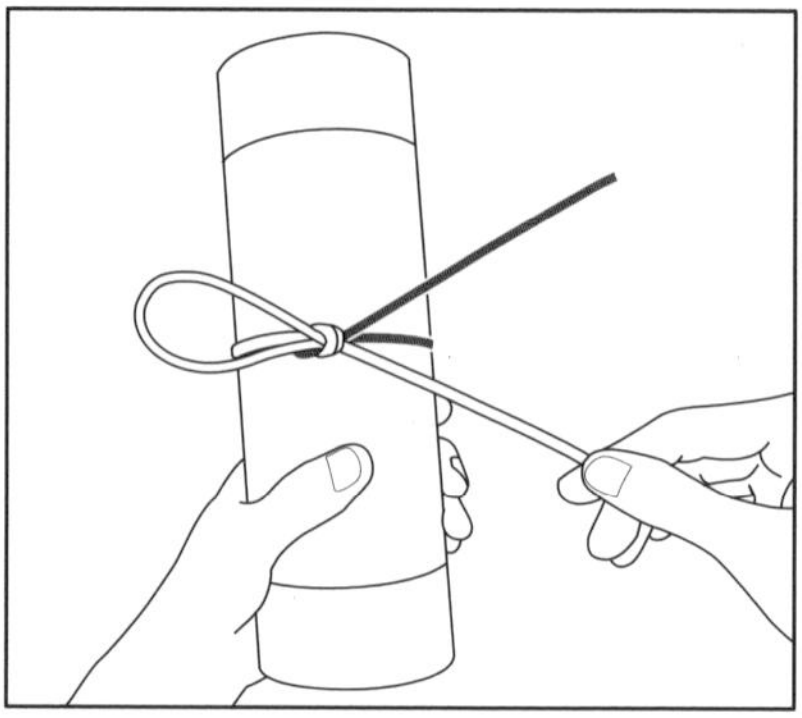

丸いもの　紐の解き方

びが結び切りの一種として凶事に使用されたようです。

折形礼法のはじまりには、陰陽に則った結び方の作法がありました。丸いものには片わな結びが用いられ、贈られた相手は左手で持ち、右手で紐を解きます。一方、両わな結びの平たいものは、畳の上などに置いて両手で解きます。その無駄のない一連の作法は、贈られた相手の所作まで配慮した機能的な結び方であると感服します。陰陽の考えを基準としなくなった今日でも理にかなった結び方と言えます。

水引を含め、結びは相手への思いやりと無駄のない機能美でありました。本質や理《ことわり》である部分が抜け落ちてしまい表面的な見栄えばかりではいけないことを、今一度心に留めておきたいと思います。

江戸時代

江戸時代には、現在の結婚式に関わる縁談、見合い、結納、仲人、お色直しのほとんどが定着したと言われている。しかし、まだ「結婚式」ではなく自宅で「祝言（しゅうげん）」を行うのが一般的だった。新郎の家に集まった親戚縁者をもてなして、新郎新婦をお披露目するものであった。結婚式の原型が誕生したのが江戸時代である。自宅での婚礼儀式は、庶民の間でも行われるようになり、戦後の昭和20年代くらいまで、日本の結婚式の主流だった。

明治

明治33年に当時の皇太子殿下（後の大正天皇）の神前結婚式が東京大神宮で行われる。宮中の歴史において初めてのことに、当時の人々の関心を集め、結婚式に対しての新しい価値観ができていった。明治の終わり頃、一部の富裕層は、神社で挙式をしたあとホテルなど自宅以外で披露宴を行うこともあったようだ。

大正時代〜昭和初期

この頃の結婚式は自宅ながらもとても華やかだったと言われるが、戦争が始まると質素になり、戦後しばらくは控えめな結婚式だった。

昭和30年代〜

自宅で行う結婚式から神前結婚式が主流となる。また、戦後の住宅事情や家族形態の変化などでかつてのように自宅での婚礼儀礼が難しくなり、披露宴を地域の公共施設や料亭などで行っていたが、挙式と披露宴を一緒に行う専門の施設が多く出現するようになった。

昭和40年代〜

高度経済成長期中頃の昭和39年、東京オリンピックの開催で多くの大型ホテルが建設された。オリンピックが終わるとそれらのホテルを利用して大規模な結婚式が行われるようになり、多くの出席者を呼んで、披露宴も盛大になっていった。ケーキカットや、キャンドルサービス、ドライアイスのけむりなどの演出が登場した。

近年

神前式に代わり教会式（キリスト教式）が多くなる。また、価値観や生活様式の多様化により、新郎新婦の個性を重視した結婚式のスタイルが増えていった。

挙式の形式

神前式

神社で神主のお祓いを受け、神前で結婚を誓う。ホテルや結婚式場内での神殿でも行われる。

キリスト教式

教会で神父や牧師の司式により、神と参列者の前で結婚を誓う。教会で行う場合はキリスト教信者であることが原則とされるが、ホテルや結婚式場内に設置されたチャペルでは信者でなくても行うことができる。

仏前式

新郎新婦どちらかの菩提寺（ぼだいじ）で行うのが一般とされ、仏の前で結婚を誓う。

人前式

宗教や形式にとらわれず、新郎新婦の希望する場所で家族や親戚縁者、友人たちなど参列者の前で結婚を誓う。

縄文～奈良時代

縄文時代には、亡くなった人を埋葬する「土葬」の習慣がすでにあった。縄文時代は足を折りたたんだ状態で、弥生時代は甕棺(かめかん)に入れて土葬することが盛んになり、古墳時代には巨大な墓が作られるようになった。

平安～安土・桃山時代

平安時代になると、仏教の広まりによって、高位の人たちの間では火葬する習慣が始まる。10世紀には僧侶に読経をあげてもらうようになるなど、貴族たちは極楽浄土に生まれ変わることを願い仏像を作って拝んだ。中世の時代には武士の間でも広まり、共同墓地も作られた。

江戸時代

寺請制度により、庶民も仏式の葬儀を行うようになった。現在とほぼ同じ形式となる。この頃、仏式の葬儀では、僧侶や遺族、参列者が行列を組み、遺体を火葬場や墓地まで運ぶ「葬列」の儀式が大切にされ、これは野辺送りとも言われている。江戸後期には葬儀屋が誕生した。

明治～昭和初期

明治時代になると葬儀屋は隆盛し、葬儀をとりしきる葬儀会社が登場、産業化していく。ほとんどの人が火葬をするようになった。明治後期には故人に別れを告げる「告別式」が取り入れられ、昭和初期になると全国で行われるようになった。葬列にかわって告別式、霊柩車の使用が一般的となっていく。

昭和時代～

それまで夜通し行っていたお通夜が一定時間のものとなり、故人とゆかりの深い人が訪れ、別れを惜しむ場となった。それまでは、お通夜も葬儀も自宅で行うことが一般的であったが、葬儀会社に依頼して自宅以外の施設で行うことが増えていったのは昭和40年代以降である。

※ 地域によって異なります。

第四章

元結《もっとい》

元結

元結のルーツ

元結《もっとい》とは、髪を束ね結ぶ紐状のものです。「結髪に用いる用具」「髪の根元を結ぶ」という行為からこの名があるとされ、その素材は時代を遡ると、植物のツルや麻紐、組緒《くみお》、紙紐など様々です。元結は「もっとい」「もとゆい」をはじめ、地域によって様々な呼び名があります。明治四年の断髪令以前は、男女ともに髪を結うための生活必需品でした。

現在では、相撲力士の髷《まげ》、歌舞伎や時代劇の丁髷《ちょんまげ》やカツラ、芸妓たちの日本髪を結う紙製の白く細い紐が代表的な元結です。大相撲は取組中に髷が切れては一大事なので元結には強度が必要です。少々の力を加えても切れることはない紙縒《こより》元結（紙製の元結）は髪結以外にも分厚い書類のとじ紐としても使用されました。その強度を出すため、明治以前は、楮や三椏など強靭な靭皮繊維が紙製元結の原材料でしたが、収穫量の減少と価格高騰により、明治以降は価格

元結（もっとい・もとゆい）
用途によって太さが異なる。大相撲は、より強度を必要とするため近年は太いものが使われている。通常は約〇・五八ミリ径。太口は約〇・六四ミリ径とされ、歌舞伎や時代劇の男役には太いものを使うとされている。〇・七〜一・四ミリ径位の太さの元結も使用される。

組緒（くみお）
糸を組み合わせて作った組紐のこと。

美豆良の埴輪（出典：Col Base）

と強度に見合う素材として、良質なマニラ麻へと変わっていきました。

『万葉集』でも元結の名は見られ、古くから使用されてきたことが分かります。古墳時代の埴輪の髪型に見られる左右をひょうたん型に結んだ「美豆良《みずら》」には植物のツルや繊維を縒ったものが用いられていたとされ、麻紐や縄などの素材が元結のルーツと言われます。性別や身分の違い、時代の変化によって使用される素材は様々で、糸紐、紙縒なども用いられるようになりました。

先に述べたように、古代の男性の髪型は左右に分けた髪を輪にして耳脇にまとめた「美豆良」でしたが、飛鳥から奈良時代にかけて男性は「髻」を結い始めます。髻は「もとどり」とも「たぶさ」とも読み、根元を元結で結んで束ねた髪のことを呼称します。「もとどり」は髪を結んだ根元のことを指し、「たぶさ」は、結んだ先の髪のこと、とも言われています。

元結の分類

現代のヘアゴムなども、髪を束ねる紐という意味では、元結の分類に当てはまると言えるだろう。明治四年の断髪令発令以前は、男女ともに元結は髪を結び飾る日用品であり、日々の使用量は現在のヘアゴムの比ではなかったかもしれない。

根元を結ぶ

「もとどり」の名から「もっとい」と呼ばれるようになったとの説もあるが、いずれにしても「髪の毛の根元を結ぶ」ことが関係していると言える。

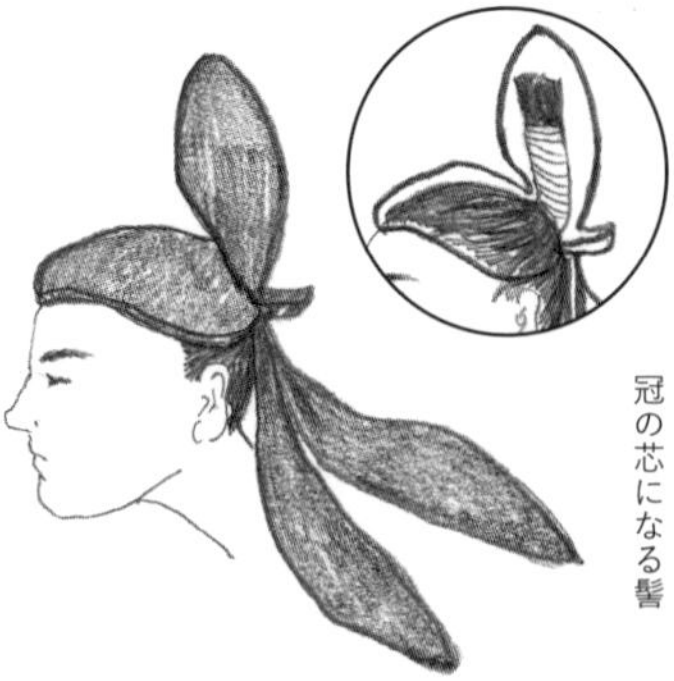

冠の芯になる髻

冠位十二階に見られるように、隋の風俗に倣って朝廷に仕える成人男性は黒い冠を被るようになりますが、頭頂部から垂直に結い上げた髻が冠の芯となり土台の役目になりました。

平安期より男子には烏帽子《えぼし》をつける風習が定着します。『拾遺和歌集《しゅういわかしゅう》』第五巻には、元服した若者に対して将来の出世を願う歌があります。元服の際に初めて髻を結ったときの元結の糸紐が貴人のみ着用を許された濃い紫色だったとあり、当時は髻を結う元結の色や素材によって身分や階級が分かったと言えます。

ゆひそむるはつもとゆひのこむらさき
衣の色にうつれとそ思ふ

大中臣能宣《おおなかとみのよしのぶ》

武士の時代になると、公家は紫色の組緒や麻紐、将軍は赤紐、五位以下の官人や朝廷に仕える者以外は白紐を使用し、官位の高い者は組緒を用いたとされています。『貞丈雑記』には、元結の太さが線香ほどの組緒であると記さ

『拾遺和歌集』
（しゅういわかしゅう）
平安時代に編纂された『古今和歌集』『後撰和歌集』に次ぐ三番目の勅撰和歌集のこと。

れています。烏帽子を被っていた頃に用いる元結は、色によって身分をはっきりさせ、髻の根元をしっかり結び頑丈に巻き上げるためにも、ある程度の太さが必要だったのでしょう。一般では、紙でできた強い元結が流通するまでは麻紐や糸紐が多く使用されていたようです。

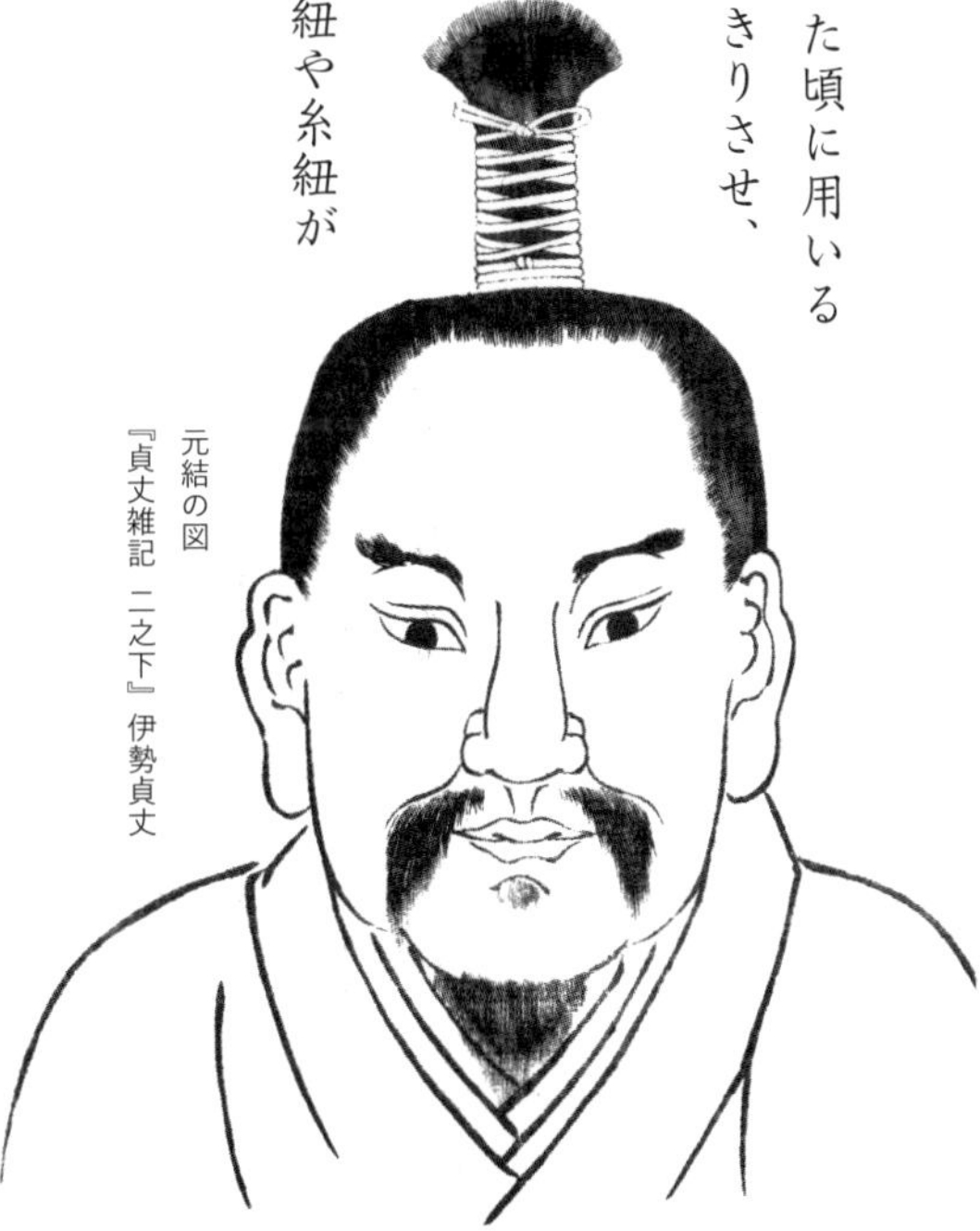

元結の図
『貞丈雑記 二之下』伊勢貞丈

露頭(ろとう)
烏帽子がとれて頭が見えることを「露頭」と言い、髻を露(あら)わにすることは裸を見せるのと同じくらい恥ずかしい行為とされた。

紙縒の元結

奈良時代において和紙は庶民には縁遠いもので、主に書簡や写経用として役人や僧侶たちに用いられるものでしたが、平安時代になると紙を漉く抄紙《しょうし》の技術が進歩し、宮中での使用が広がりました。その様子は当時の日記や和歌にも見られます。

それまで元結の素材は植物の繊維、麻糸、布片、糸紐などでしたが、紙を撚った「紙縒《こより》」の登場によって、紙でできた元結が生まれました。

清少納言は、『枕草子』第一四五段で、「胸つぶるるもの」すなわち、「どきどきハラハラするもの」として、「競馬《くらべうま》を見ること」「親が具合が悪いと言って普段の様子と違うこと」そして「元結よること」を挙げています。紙が途中で切れてしまわないか、また作り直し(より直し)ができないことから、当時は和紙がとても貴重だったので、さぞかし緊張したことでしょう。

『枕草子』が完成したと言われる一〇〇一年の平安中期には「元結よる」という言葉から紙を撚る元結が存在したこと、また自作していたことがうかがえます。

縒ると撚る
「縒る」は、より合わせる意味での「よる」、「撚る」は指先でつまんでねじる意味での「よる」とされている。

文七元結と結髪文化

江戸期になると紙縒の元結は一般にも広く使われ始めます。寛永年間(一六二四~一六四四年頃)までは、町の女性たちは細く裂いた麻縄で髪を束ねて、その上に黒絹布などを巻いていましたが、寛文年間(一六六一～一六七三年頃)以降、庶民の間でも流行の髪型を追い、技巧を凝らした結髪が見られるようになりました。その一端を担っていたのが、元禄六年(一六九三)頃から江戸の町民の間で使用され始めた「文七元結《ぶんしちもっとい》」でした。

文七元結は「しごき元結」「紙撚り水引元結」とも呼ばれ、長くピンと張った紙縒を引きながら(しごきながら・こぎながら)製造する「こぎ元結」の代表です。職人によって作り方や配合などは異なっていたようですが、杉原紙、丈長紙など強靭な和紙で長く撚られた紙縒に海藻の角叉《つのまた》と米粉を練り合わせたチャラ(糊状のもの)を数回にわたってしごきながら塗布して乾燥させます。仕上げに竹べらでこすることで美しい艶と、強度を出したようです。その真っ白で光沢のある丈夫な文七元結は江戸で大変評判となりました。

この文七元結の名称成立には様々な説が錯綜しています。例えば、桜井文七という男が存在した説、元結職人を総称する説、ブランド名である説、紙の名前である説、等々。真相は謎に包まれたままですが、江戸だけでなく全

落語「文七元結」(ぶんしちもっとい)

三遊亭圓朝が創作した人情噺のひとつ。左官職人で博打に明け暮れる長兵衛は、娘・お久が生活のために身売りしたことをきっかけに、身を立て直そうとするが・・・。江戸っ子の活気や心意気が見どころのお噺。

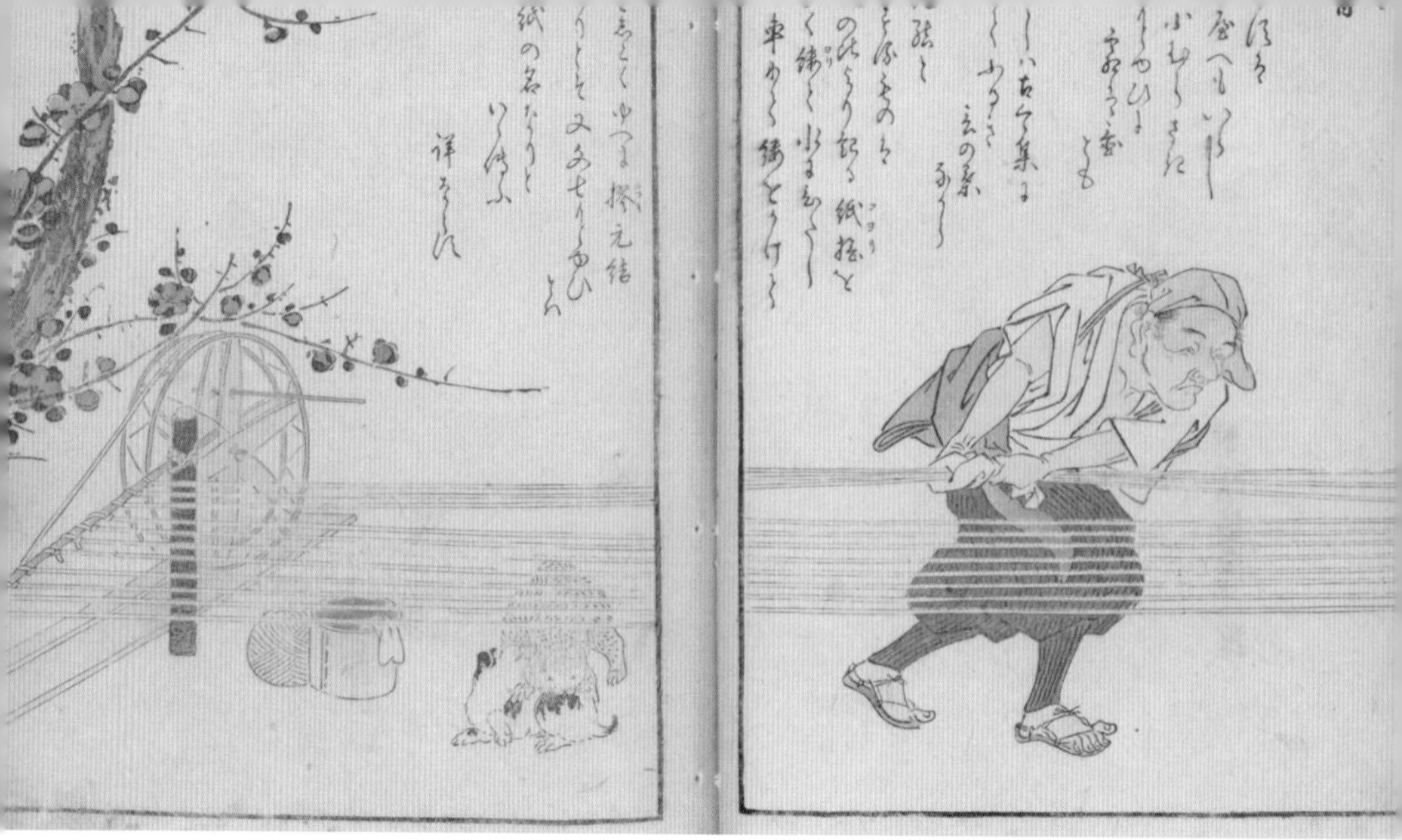

元結扱　『彩画職人部類 上』橘 岷江（国立国会図書館）

国津々浦々で使用されていた文七元結は、それまでにない品質の高さと美しさで、人々の評判を呼んだことには間違いないでしょう。

江戸時代中頃になると、様々な元結が使用されました。人の目に留まる装飾用には、色絵具や金銀泥で華やかな装飾文様が描かれた「絵元結」、幅広に切った平らな紙を畳んで使う「平元結」、結んだとき端が跳ねるよう中に針金を忍ばせた「跳ね元結」などがありました。装飾用は紙に撚りをかけていないタイプで、女性たちは髪型の流行に応じてこれらを使い分けてお洒落を楽しんだようです。

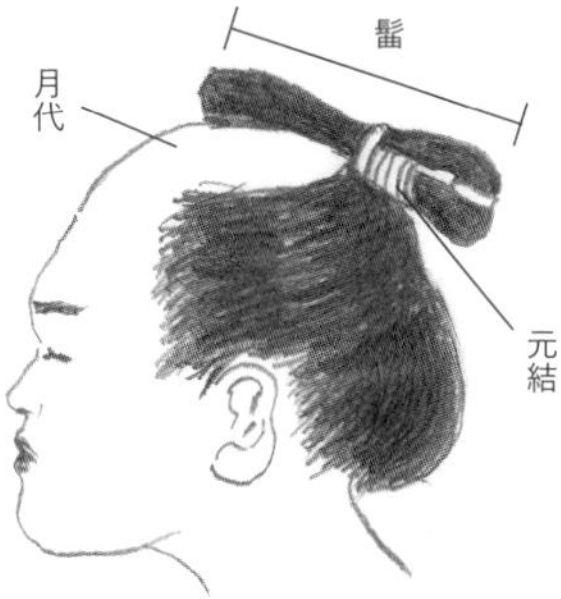

女髪結『春雨豊夕栄』歌川豊国（国立国会図書館）

江戸時代の職人図鑑のような『彩画職人部類』では、「元結扱《もとゆいこき》」が職業として紹介されています。また、今で言う床屋「髪結床《かみゆいどこ》」が数多く点在し、男性は伸びた月代《さかやき》を手入れしに足しげく通っていたようです。『浮世床』や『江戸名所道戯尽 四十五 赤坂の景』には生き生きとした江戸の髪結の様子が描かれ、後者からは壁には元結が掛けられているのが分かります。

一方、女性は自分で髪を結い上げることが嗜みとされましたが、だんだん複雑な髪型が流行するようにな

髪結床『江戸名所道戯尽 四十五 赤坂の景』歌川広景（国立国会図書館）

ると女性の髪を結う専門の床屋「女髪結」も登場しました。

江戸の町には元結屋があり、元結の他にも水引や白粉《おしろい》、髪油など小間物類も一緒に売っていたようで、浮き袋のような形をした看板が特徴的です。

結髪の技巧化が進んだ江戸中期から幕末にかけて元結の需要は高まりましたが、明治四年に断髪令が発令されると、男性は髪を切り、髷を結わなくなったことで元結の需要は一気に激減します。男性の断髪と洋装化が進んでいったのに対して、ほとんどの女性はまだ日本髪を結っていましたが、大正から昭和にかけて女性の社会進出が進むにつれて、洋装化へと様変わりしていきました。断髪やパーマネントが流行ると日本髪を結う女性は日常から姿を消していき、元結職人は大打撃を受けることになりました。

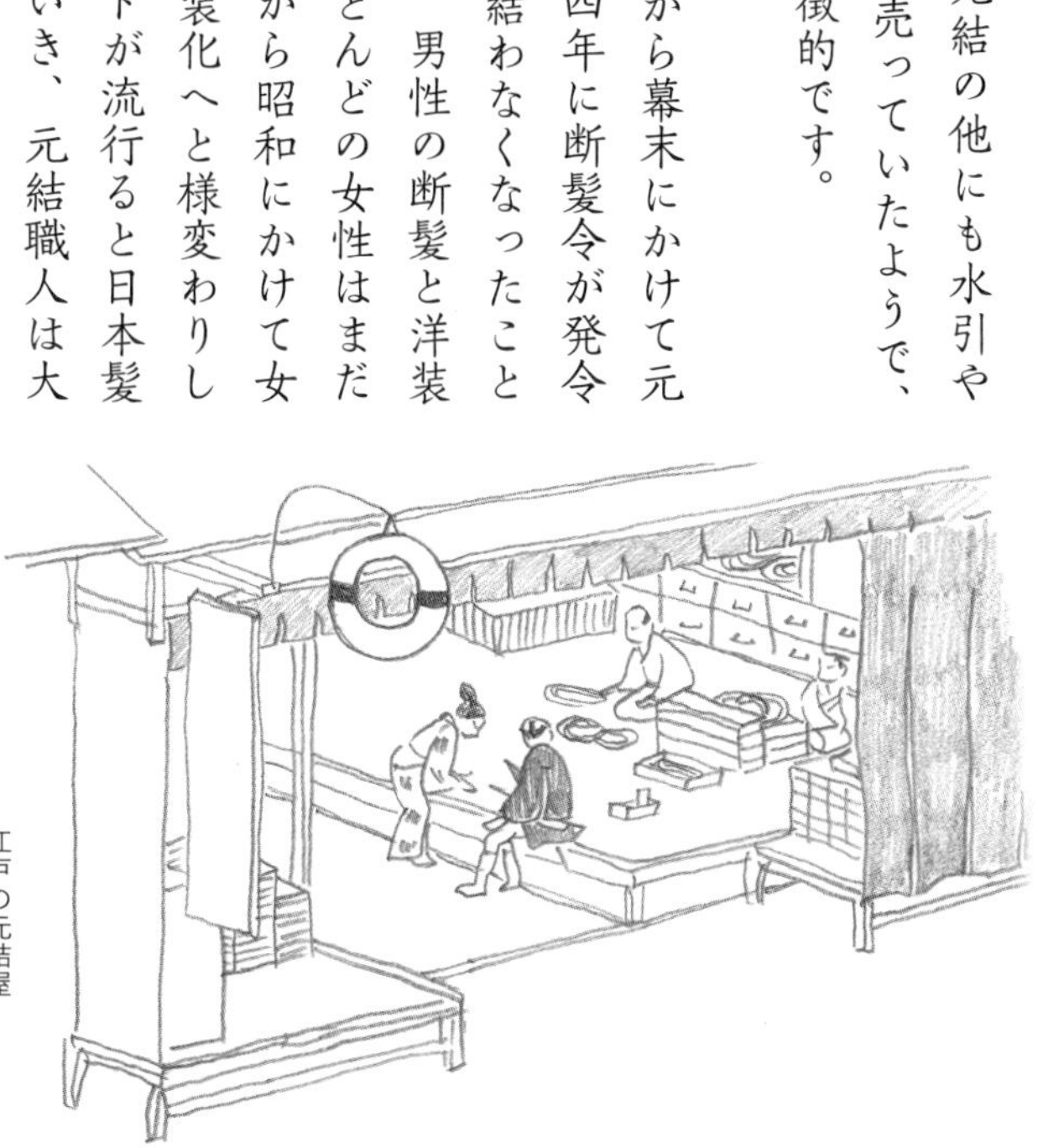

江戸の元結屋

水引二大産地の交流

元結は主に江戸（東京都）、尾張（愛知県）、山城（京都府）などの需要の大きな地域で製造されていましたが、次第に紙漉きが盛んな地域へと広がりを見せるようになりました。

文七にふまるな庭のかたつむり　**『五元集』宝井其角**

江戸前期の俳人、榎本其角《えのもときかく》（宝井《たからい》其角）に元結の句があります。

江戸の茅場町付近で元結をこいでいた職人の姿を詠んだものです。元禄年間には江戸でも「こぎ元結」の製造が始まっていたことが分かります。元結職人は茅場町だけでなく江戸各地に点在していたとされます。

元結が藩の特産品として認められるようになると、烏山《からすやま》藩（栃木県）、福井藩（福井県）、伊達《だて》藩（宮城県）、秋月藩（福岡県）など、和紙作りが盛んな土地でも作られるようになります。特に、尾張藩（愛知県）は隣が和紙の生産で有名

榎本其角（えのもと・きかく）寛文元年生まれ。松尾芭蕉の門弟として傑出していた。

な美濃(岐阜県)であったことから、いち早く元結作りが栄えて、職人が他藩へ教えに出向くこともあったほどです。

一六一七年、伊予国大洲《いよのくにおおず》藩(愛媛県)の脇坂安元《わきざかやすもと》が飯田藩(長野県)の藩主として入封《にゅうほう》しました。大洲半紙で知られる紙漉きの本場から来た脇坂は紙を作る技術と指導には卓越していました。一六七二年には下野国《しもつけのくに》烏山藩から国替えしてきた堀親昌《ほりちかまさ》が、前任地の烏山と自然条件が似ていることから、紙漉きおよび元結の製造を奨励したと言われています。

こうして飯田の元結は藩の奨励のもと、美濃から和紙の技術者を、尾張から元結職人を招くなどして品質改良を重ねて丈夫で美しい元結作りに成功し、飯田元結の名を全国に轟《とどろ》かせるまでになりました。また、長野県の南部に位置する飯田は東西あるいは南北交通の要衝《ようしょう》として流通が栄え、江戸を中心に各地に元結を運び、一八〇〇年代には飯田の元結生産は全国の半分を占めていたと言われています。現在、水引の二大産地と言われる伊予と飯田は、おおよそ四〇〇年前から人と文化の移動が行われ、交流があったことが分かります。

脇坂安元
(わきざか・やすもと)
江戸時代前期の大名。伊予国大洲藩二代藩主。その後信濃国飯田藩初代藩主となる。儒学や和歌などに精通し、教養人としても知られる。

生まれて大人になるまでの節目節目で、成長を祝う儀式が行われます。

お七夜《しちや》

赤ちゃんが生まれて7日目に行われる儀式です。赤ちゃんの名前をお披露目する儀式でもあり、名前を書いた紙を神棚などに飾り健やかな成長を祈ります。もともと平安時代の貴族階級では子供が生まれた日を初夜から、三夜、五夜、七夜、九夜と奇数日に祝う「産立(うぶだち)の祝い」を行っていましたが、江戸時代に七夜だけが行事として残りました。

初宮参《はつみやまい》り

一般的には、男の子は生後31～32日目、女の子なら生後32～33日目に行われる儀式です(地域によって違いがあります)。住んでいる土地の神社・氏神さまに赤ちゃんをお披露目し、健康と成長を祈ります。かつては生まれた子どもをその土地を守る氏神様に認めてもらい、新しい氏子として地域社会の一員として認めてもらう儀式でした。

お食《く》い初《ぞ》め

生後100日目頃に行われます。お赤飯や尾頭付きの鯛など祝い膳を用意して赤ちゃんにご飯を食べさせるまねをして「一生食べ物に困らないように」と願う儀式です。初めて母乳以外の食べ物を箸を使って与えることから「箸初め」「箸祝い」とも呼ばれ、百日目に行うので「ももか」と言う地域もあります。祝い膳の他に「歯が丈夫になるように」との願いをこめて「歯固めの小石」という丸い石をそえる風習もあります。

初誕生祝《はつたんじょういわ》い

満1歳の誕生日に無事元気に育ってくれたことを祝う儀式です。昔から夫婦以外に両家の両親たちも集まり盛大に祝いました。地域によっては風呂敷に包んだ「一升もち」を子どもに背負わせて歩く風習もあります。あまりの重さに子供が泣けば泣くほど元気に成長すると祝ったとも言われます。

七五三

3歳の男の子と女の子、5歳の男の子、7歳の女の子が11月15日に生まれた地域にある氏神さまの神社にお参りし、子供の健やかな成長を祈る儀式です。武家社会では、男女ともに3歳になると、おかっぱ頭から結髪する「髪置きの祝い」をしました。男の子は5歳になると初めて袴を着せて碁盤の上に立たせる「袴着(はかまぎ)の祝い」が行われ、7歳になった女の子は初めて帯を結ぶ「帯解(おびとき)」「帯直しの祝い」を行ったことが七五三の原形だとされています。

人生の儀式（通過儀礼）

十三参り《じゅうさんまい》

生まれた干支が初めてめぐる、数え年で13歳になった男の子と女の子が、虚空蔵菩薩（こくうぞうぼさつ）をまつる寺にお参りして、仏様から知恵を授かる儀式です。おもに、関西地方でさかんに行われています。虚空蔵菩薩とは計り知れない知恵と福徳をもたらす菩薩で13番目に生まれた菩薩であったことから、13歳になった子どもがお参りをするようになりました。

江戸時代はさかんに行われたと言われます。

成人式

満20歳をむかえた男女が大人になったことを祝う儀式です。古くから貴族階級の間で大人の仲間入りを意味する「元服」の儀式が行われており、男の子は13～15歳頃になると成人の髪型に変え、冠を初めてかぶり、服装も成人のものとなりました。一方、平安時代の女の子は13歳頃になると長い髪を初めて結い上げる「髪上げ（かみあげ）」を行いお化粧をすることが許されるようになりました。時代によって女性の大人入りは変化していきましたが、かつての日本では男性は15歳くらいから、女性は13歳くらいから大人とされました。

還暦

満60歳（数え年61歳）に、長寿を祝う儀式です。ふたたび生まれた年の干支に一回りして戻る、暦が還ることから「生まれ直す」ことを祝い、赤ちゃんのときに着ていたような赤い頭巾とちゃんちゃんこを身に着け無病息災と長寿を祝います。「甲、乙、丙・・・」の順で数える十干（じっかん）と「子、丑、寅・・・」の順で数える十二支を順に組み合わせる「六十干支（ろくじっかんし）は全部で60通りになり、60年で一回りするので満60歳を還暦と言います。

長寿のお祝い

決められた年齢で健康や長寿を祝うことを「年祝い」と言います。長寿のお祝いは数え年61歳（満60歳）から始まります。

還暦	61歳	生まれた年の干支がまた巡ってきて、長寿であることを祝う。
古希	70歳	中国の詩人・杜甫（とほ）の詩の一節にある「人生七十古来稀（じんせいしちじゅうこらいまれ）なり」（70まで生きるのはめずらしい）に基づく。
喜寿	77歳	草書体の「喜」が「㐂」と七を重ねて見えることから。
傘寿	80歳	「傘」の略字が「仐」と、「八」と「十」に見えることから。
米寿	88歳	米の字を分解すると「八」「十」「八」になることから。
卒寿	90歳	「卒」の略字が「卆」と、「九」と「十」に見えることから。
白寿	99歳	「百」から一をとると「白」になることから、100歳より1歳少ない99歳のこと。
百賀	100歳	百歳を賀する（祝う）の意。

第五章

陰陽五行《いんようごぎょう》

水引と陰陽五行

陰陽思想と五行思想は中国古来の自然哲学で、この二つが紀元前三世紀頃に融合して陰陽五行説が成立したと言われています。

日本には飛鳥時代より前から定着していただろうとされ、明治政府によって廃止されるまで、少なくとも一二〇〇年以上も日本人の様々な基準とされてきました。廃止されておよそ一五〇年が経つのに、今もなお日本人の生活に深く根付いています。お正月、節分、七夕、七五三、冠婚葬祭、厄年、暦、そして水引など、多くの行事や習わしが陰陽五行と関係しています。

陰陽思想とはバランスと調和の思想です。全ての事柄は陰と陽から成り、相反するものが補い合い調和することで、万物が形成され発展していくというものです。陰陽は善悪や優劣の概念とは異なります。相反するものはそれぞれが独立した別々の存在ではなく、片方が存在するからこそ、もう片方が存在する。常に双方でバランスを取りながら変化しています。陽が増えると陰が減り、陽が頂点に達すると陰に転じます。その逆もしかりです。

例えば、日本では日の出から日の入りまでの時間が長い季節が夏。そのピークを迎える日が夏至です。そして夏至を境にだんだんと日が短くなっていきます。陽が極まって陰に転じる現象です。

陰	陽
地	天
暗	明
女	男
月	日
凶	吉
右	左
寒	暑
偶数	奇数
死	生
小	大
下	上
低	高
静	動
冷	温
裏	表

五行思想とは循環の思想です。宇宙すべての万物は「木・火・土・金・水」の五種の気（元素）から成り、これらの「気」は一定の法則に則って互いに影響を与えながら絶えず

循環しているというもの。「行」とは物事が動き、活動して変動すること。五つの気が巡っている状態が「五行」なのです。大陸からの輸入ではなく、日本で確立した水引。その表現方法にもこの五行の考え方は影響を与えています。

五行には「相生《そうしょう》」と「相克《そうこく》」の二つの関係性があります。

【相生】

陽の関係性とされ、相手に協調しながら影響を与えて生み出していく自然な営みの循環です。

木が燃えて火を生じ、火が燃えて土が、土の中から金(鉱物)が、金の表面には水が生まれ、水が木を成長させるという関係性です。

【相克】

陰の関係性とされ、対立する二つの要素で相手を弱め抑制していく循環です。

木は土の栄養を吸い取り、土は水をせき止める。水は火

相生(そうしょう)「そうじょう」とも言う。相克は「相剋」とも書く。

相生・相克の関係

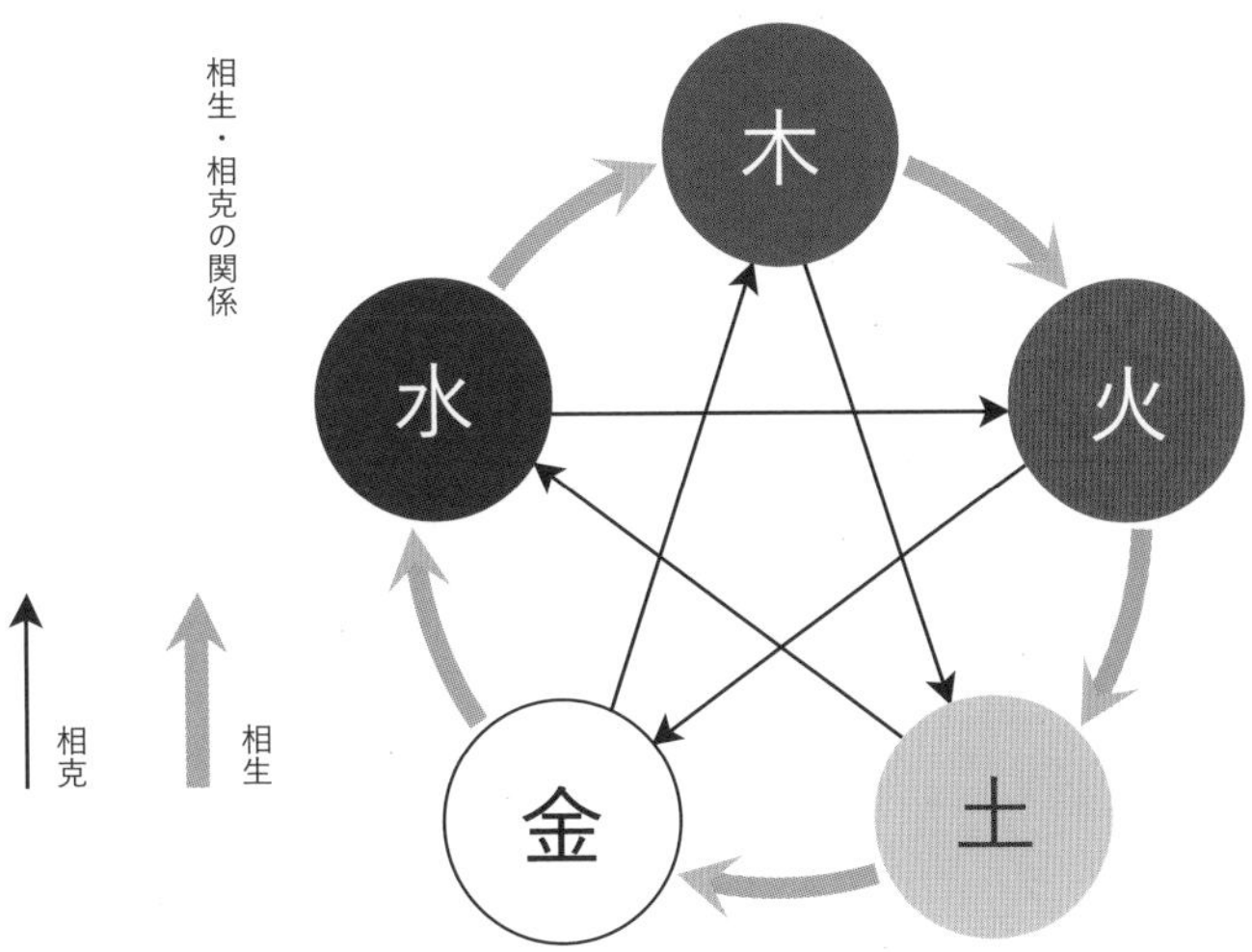

を消し、火は金を溶かし、金（刃物）は木を切り倒すという関係性です。

相生と相克の関係も、優劣や善悪ではなく万物の普遍的運行であり、この関係に基づいて無限なる循環を繰り返すという思想です。

五行には、色や方位、季節の他にも人間の感情や内臓など様々なものが配当されています。

【五色《ごしき》】

木　↓　青

火　↓　赤

土　↓　黄

金　↓　白

水　↓　黒（※紫で表すこともある）

「五」は古代中国において聖なる数とされ、「五」をひとつのまとまりとした五色幕、五色の糸、五色の短冊などがあります。五色が全て揃うことは宇宙の万物全てを表わし、最強の魔除けとされました。

五色幕

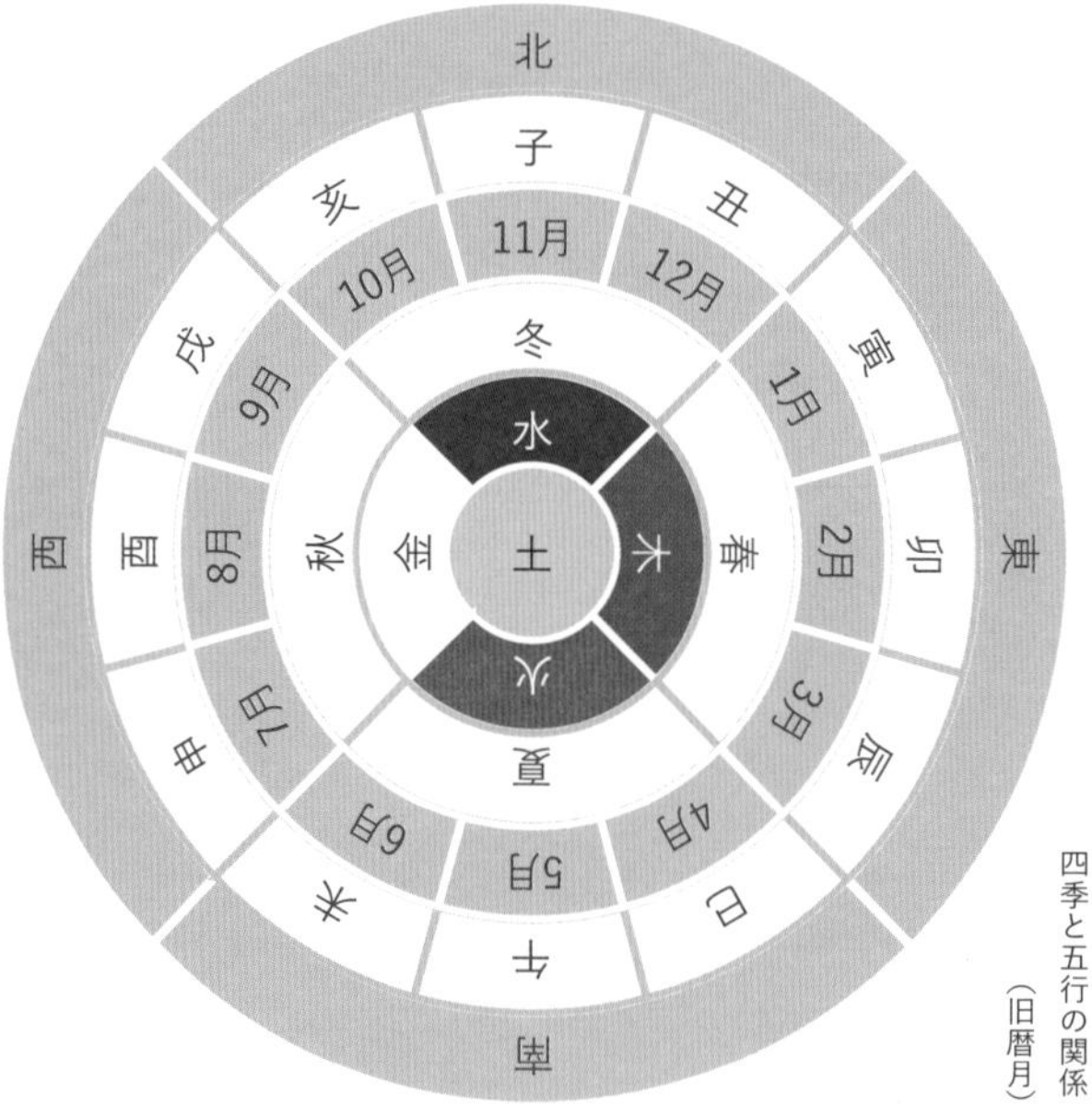

四季と五行の関係（旧暦月）

五行の配当

五行	木	火	土	金	水
五色	青	赤	黄	白	黒
五季	春	夏	土用	秋	冬
五方	東	南	中央	西	北
五性	曲直	炎上	稼穡	従革	潤下
五常	仁	礼	信	義	智
五味	酸	苦	甘	辛	鹹
五臓	肝	心	脾	肺	腎
五腑	胆嚢	小腸	胃	大腸	膀胱
五体	筋	脈	肉	皮	骨
五官	目	舌	唇(口)	鼻	耳
五志	怒	喜	思	悲・憂	恐・驚
五気	風	暑	湿	燥	寒
五虫	鱗	羽	倮	毛	介
生数	3	2	5	4	1
成数	8	7	10	9	6
十干	甲・乙	丙・丁	戊・己	庚・辛	壬・癸
十二支	寅・卯・辰	巳・午・未	辰・未・戌・丑	申・酉・戌	亥・子・丑
八卦	震・巽	離	坤・艮	乾・兌	坎
月(旧)	1・2・3月	4・5・6月		7・8・9月	10・11・12月
五星	木星	火星	土星	金星	水星

金封に見られる陰陽五行

お金を包む折形や、それを簡略化した金封にも陰陽五行の考え方が見て取れます。

陰と陽の結び分け

「基本の結び」の章(67ページ)で述べたように、伊勢貞丈は『包結図説』の中で「陽」である丸いものはすなわち「天の形」であるので「片わな」、「陰」である平たいものはすなわち「地の形」であるので「両わな」に結ぶと折形の基本を定めています。片わなは輪がひとつ。両わなは輪が二つです。奇数は陽、偶数は陰となります。

陽↓丸いもの↓天↓片わな↓1↓奇数

陰↓平たいもの↓地↓両わな↓2↓偶数

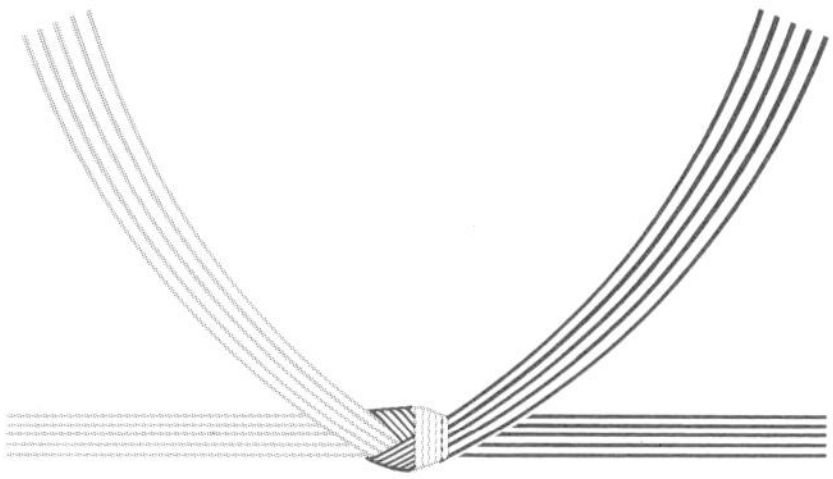

五筋＝一本

慶事、吉事のときは水引を奇数本使用する

割り切れることがないという縁起の良い謂《いわ》れから、陽である奇数本が良いと一般的に言われています。

昭和前期までは基本的に水引五筋をひとつの束にしたものを「一本」として使用していました。陰陽はもとより、五行の謂れの方が強いのではないかと考えられます。婚礼のときは「二本」すなわち一〇筋が用いられていました。

水引を数える単位
主に「筋（すじ）」を用いる。

染め分けの水引

水引には半々に色を染め分けるものがありますが、五色に倣い、赤白、金銀、黒白、黄白、青白があります。(青白は現在ではほとんど見ることがありません)

右紅左白《うこうさはく》

赤白、金銀、黒白、黄白などに染め分けた水引を使用するときは、最も尊ばれる白色を陽の方向である左側にします。金銀の場合は諸説ありますが一般的には銀色が左側です。赤、金、黒、黄が右側になります。

包み紙の枚数

流派によって異なりますが、お金を包む和紙は、特に婚礼のときは二枚用いるとされています。他の吉事にも二枚が相応しく、略式の場合は一枚で良いとされています。現在の金封は、端紙《はしがみ》とも呼ばれる細長い赤色の紙が貼り合わされていたり、赤く色付けされている場合が多いですが、これは簡略化される以前、内側に赤色紙、外側に白色の和紙、この二枚を重ねて折ったときに内側からずれて出てきた赤色紙の名残りなのです。凶事のときには外側の一枚を使用しました。

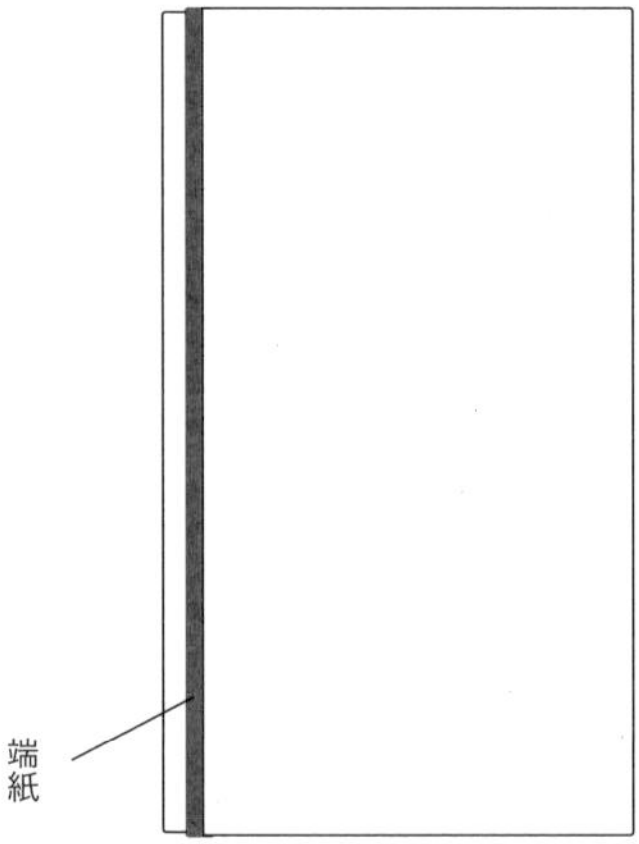

このように、お金を包む折形や金封には基本的に吉凶の考え方に基づいて法式が定められています。古代中国由来の陰陽五行は日本に入ってくると、日本古来の信仰や外来の仏教、密教、民間信仰などが極めて複雑に習合、国風化しながら「陰陽道《おんみょうどう》」として日本独自に発展していきます。それ故に、中国との共通点と異なる点が見られます。

例えば、数字の「2」です。現在の日本では先に述べたように、慶事には割り切れない数である奇数を用いますが、古来中国では逆に2で割り切れる数字を用い、「2」は均等を意味して縁起の良い数とされています。中国語の「好事成双(Hǎo shì chéng shuāng)」には、良いことは対になるという意味があり、2をはじめ、6、8、12、16の偶数が好まれます。

数字の「9」は、日本では苦しむの「苦」として敬遠されますが、中国語では「久(jiǔ)」と同じ発音で、「永遠に続く」「不老不死」に通ずる意味として好まれ、吉に満ちた貴い数字とされています。

数字の「4」。日本では「死」に繋がるとして忌み嫌われますが、中国では東西南北の「四方」、またその守護神である

4の数字
現代中国でも「4」は「死」の発音に似ていることから縁起が良くないとされる傾向にある。

青龍《せいりゅう》、朱雀《すざく》(すじゃく)、白虎《びゃっこ》、玄武《げんぶ》の「四神」、「四君子」「四季平安」など、吉凶に関係なく、まとまりの良い揃った数として使われてきました。

日本人は、万葉集の時代からものに思いを寄せて伝える「寄物陳思《きぶつちんし》」の感覚を受け継いでいます。ものに思いを託し、言葉の音や文字の語呂合わせで心を伝える表現方法です。

水の上に書いたすぐに消えてしまう文字に命の儚さを表わし、戦国時代の熨斗鮑《のしあわび》には相手を伸《の》して打ち勝つようにと願いを込め、鏡餅に供える橙《だいだい》には代々家が繁栄するようにと祈ったのです。そういった言語感覚を水引の表現にも落とし込んだのでしょう。

中国から多大な影響を受けてきた日本。中国の思想や基本要素を取り入れながらも、両者に違いが生まれた大きな理由として言葉の違いが挙げられます。特に日本人が漢字から平仮名とカタカナを生み出し、日本語という独自の言語世界を持ちえたことが重要です。自分たちの文字を持ち、ものや形に託して日本語で表現するようになったこと

寄物陳思(きぶつちんし)
「ある物に思いを託して伝える」こと。目に見えるものに、見えない思いを託す表現方法。

で、陰陽五行は「陰陽道」へと日本化し、独自の水引文化が中国ではなく日本において形成されていったのは興味深いことです。

日本で発展した陰陽道

水引の表現方法とも深い関係がある陰陽五行の思想が日本でどのように発展していったのか、もう少しだけ見てみましょう。

陰陽五行の思想は、仏教が伝来した六世紀頃よりもっと前から朝鮮半島を経由して日本に伝わったとも言われています。

日本人が陰陽五行を受け入れたことは、『日本書紀』に確認できます。隋（中国）との国交が始まり、聖徳太子による冠位十二階によって冠が色分けされたことも、陰陽五行の影響によるものです。

律令制では、「陰陽寮《おんみょうりょう》（おんようりょう、おんようのつかさ）」という役所が設置され、官職として国を助け支える役割となりました。主な仕事は天文観測、暦作成、時刻の管理などで、古くから稲作を中心に生活を営んでいた日本人にとっては、自然の恵みを受けるためには日時や季節の移り変わりを正確に知る必要があり、暦の作成は重要な任務でした。また、風雲による天体観測で異変を察知し、その異変が政治的に何を意味するのか吉凶を占ったのでした。それを担う人が「陰陽師《おんみょうじ》」です。元来、陰陽師は陰陽五行を学んで修行を積み、技術を持ち合わせた天文学者や科学者のような存在であったと言えます（明治政府により廃止されるまで実に長い間、陰陽寮は国家の役所として存在していました）。

中国の陰陽五行の思想をそのまま運用したわけではなく、それを基にして日本式に編集しながら「陰陽道」として独自に形成していきます。ちなみに中国には陰陽道と称さ

伊勢暦を読む町娘
『縞揃女弁慶』歌川国芳

伊勢暦（いせごよみ）
はじめは国家機関や貴族だけのものであった暦も、仮名暦が普及すると京暦、南都暦、丹生暦（にゅうごよみ）、伊勢暦などが各地で生まれた。この暦を作成したのが御師（おし・おんし）とも呼ばれる陰陽師である。

土御門晴雄
（つちみかど・はれたけ）
事実上最後の陰陽頭（おんみょうのかみ）。陰陽頭とは、陰陽寮の長官のこと。「うらのかみ」とも。晴雄が四十三歳で病死した翌年、陰陽寮は解体された。

れるものは無いようです。

遣唐使派遣が盛んだった頃は、唐から最新知識や技術がもたらされましたが、遣唐使廃止後は陰陽道もさらなる日本化が進みました。

森羅万象《しんらばんしょう》、宇宙の理によって自らの権力が永遠に続くようにと、時の有力者たちが陰陽道を取り入れるようになります。

貴族社会においては、天皇のお墓の土地、天変地異、朝廷御用の日程、病魔退散などを占いました。特に怨霊《おんりょう》信仰（御霊信仰《ごりょうしんこう》）が強くなると、本来の自然哲学から段々と呪術・占術的な要素を帯びるようになっていきます。

武士の時代は祈禱を中心に陰陽道は盛んになります。生死が常に身近にあった武士にとって呪術は必要不可欠で、戦国武将たちはほぼ例外なく占いと戦法に長けた陰陽師や修験者などを抱え、彼らの占術による助言を頼りに戦略を立てていたと言われています。この頃から陰陽道が民間にも普及し始め、それまでは官名であった「陰陽師」は、官職以

遣唐使の廃止
八九四年に計画されていた遣唐使派遣は、菅原道真の提言によって中止された。九〇七年に唐が滅亡したことにより、遣唐使は再開されることなく完全に廃止された。

怨霊信仰
（おんりょうしんこう）
人々を脅かすような天災や疫病の発生は、不幸な死に方をした人の霊による祟りのしわざだとされ、これを鎮めて「御霊」とすることにより祟りを免れ、平穏と繁栄を実現しようとする日本の信仰のこと。

修験者（しゅげんじゃ）
修験道の行者。修験道は山へ籠って修行を行うことで悟りを得る。日本古来の山岳信仰である。山伏とも。

外の陰陽師も発生したことから職業名へと変化し始めます。

江戸時代になると、陰陽道の入門書なども刊行されました。方位や干支、星占いや運勢占いなどが書かれた『雑書《ざっしょ》』が多くの庶民に読まれ、陰陽道は民間に浸透し定着していきました。また、江戸時代には儒学の興隆に伴い周易《しゅうえき》が盛んになり、江戸の町には易者《えきしゃ》と呼ばれる、いまで言う占い師が多く現れるようになります。

日本の陰陽道は、国家権力や公家、武家、神道、密教、民間信仰、修験道など様々な文化が複雑多岐に重なり合い、自然思想を基にした天文・科学の領域から時代とともに呪術や占術の要素を強く帯びた独自の発展を遂げました。

そして明治三年に西欧諸国に負けない文明的な国家を目指した新政府は、まじないめいた怪しい陰陽道を迷信と断定し、古代から連綿と続いてきた陰陽道を廃止したのです。また、明治六年にはそれまでの太陰太陽暦《たいいんたいようれき》から太陽暦(グレゴリオ暦)に改暦したことで、陰陽師の暦を司る仕事

吉原で遊女たちを占う女易者

周易(しゅうえき)
古代中国、周の時代に作成された卜術(占い)のひとつ。

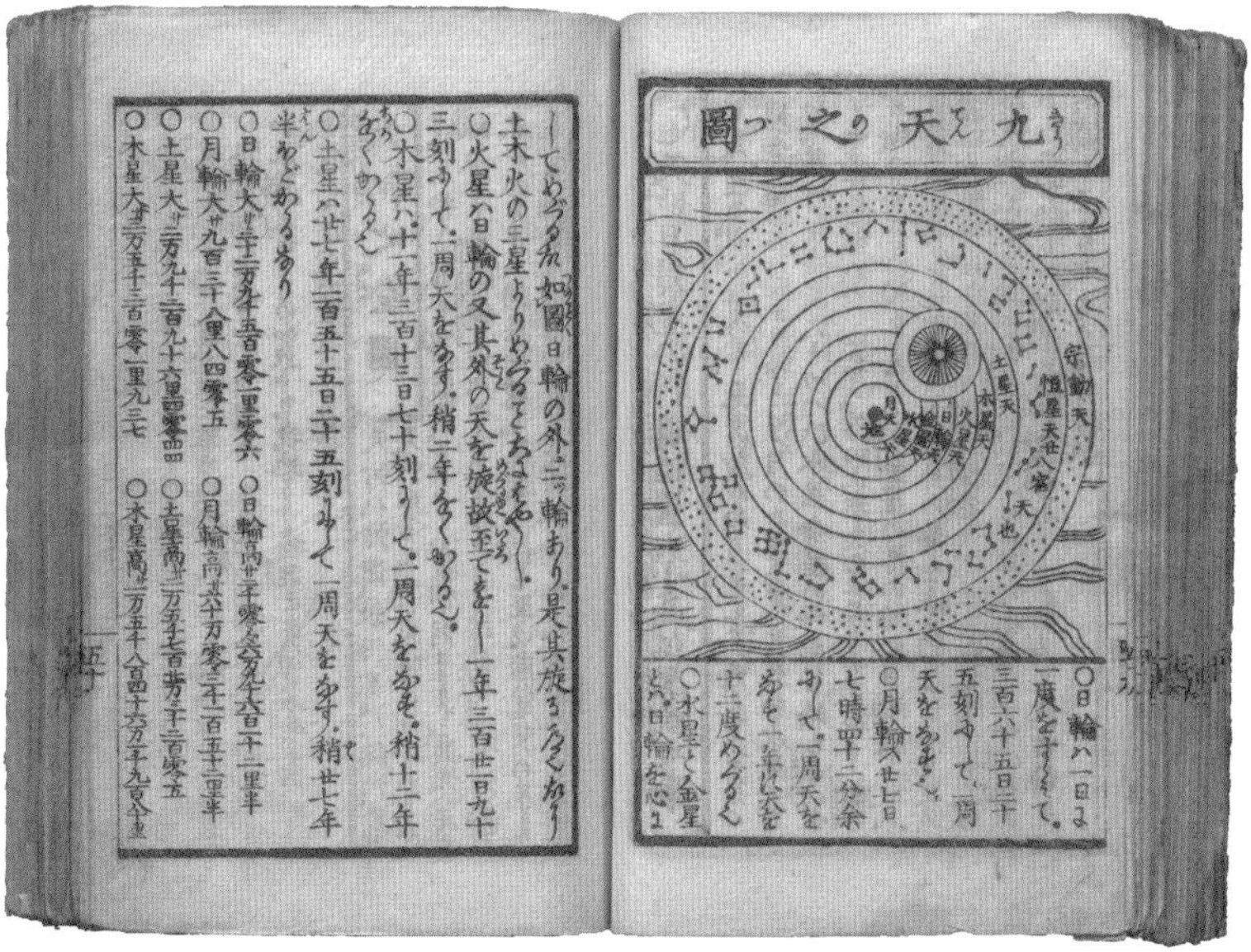

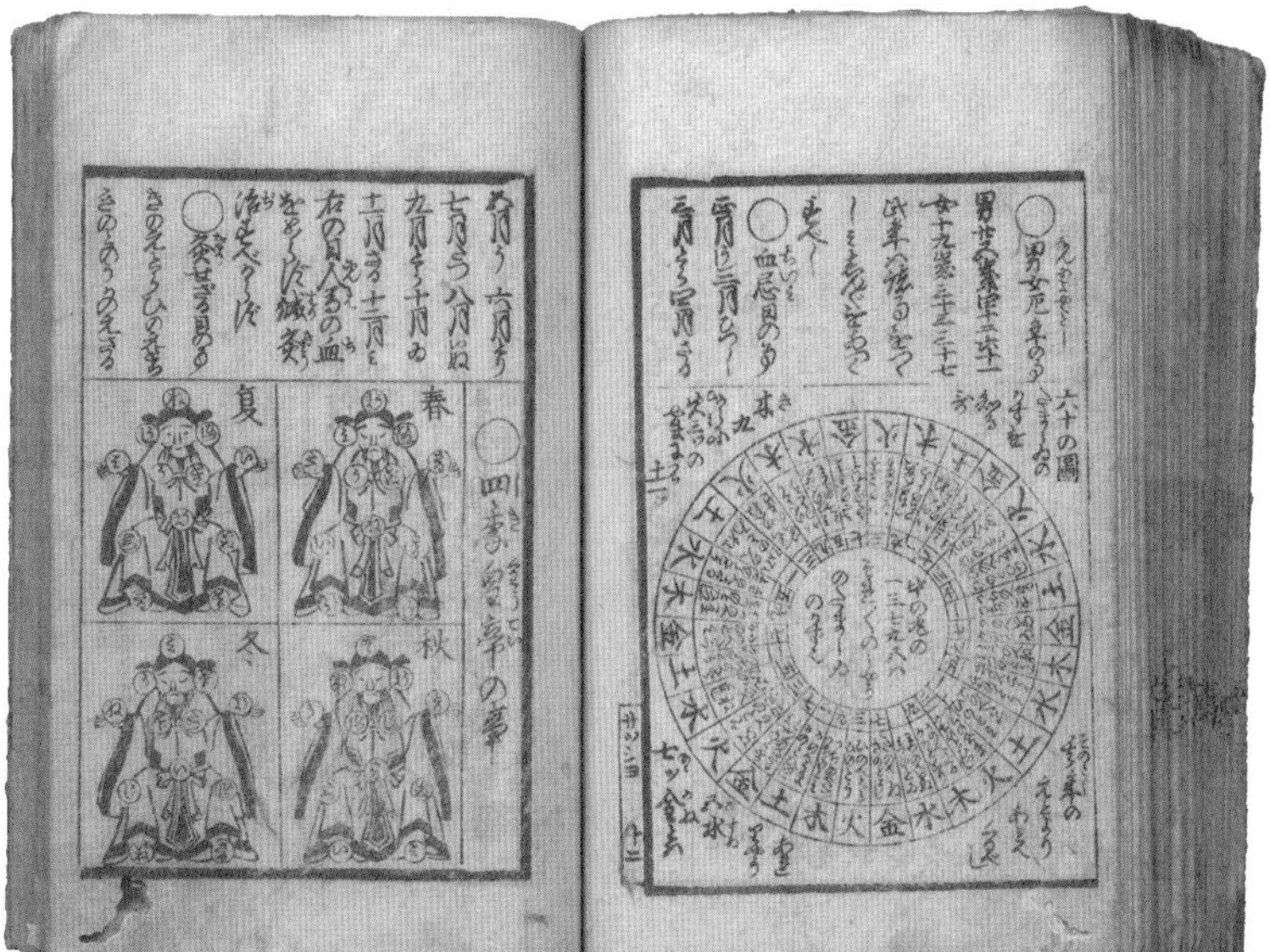

雑書『大雑書三世相』

が不要になったことも理由のひとつとされています。

明治初期は神仏分離、廃仏毀釈《はいぶつきしゃく》、陰陽道廃止、断髪令などが行われ、それまで日本人が拠り所としていたものたちが国家の力によってもろとも崩れ去りました。国家として先進的な列強諸国に追いつくために、何か大切な日本らしさを精査することなく手放してしまったようにも思えてしまいます。

天子南面と左上位

120ページの相撲の図でも見られるように方位を定める「天子南面《てんしなんめん》」があります。天子南面とは、もとは方位にまつわる中国の考え方ですが、天子（日本では天皇）は南を向いて着席します。すなわち北側を背にして座り、天子から見て左側が東、右側が西となります。東は太陽が昇る方角で太陽神である天照大御神を意味することから、日本では東である左側が最も貴いとされています。

神仏習合
（しんぶつしゅうごう）
古代インドから中国、朝鮮半島を経由して六世紀に日本に仏教が伝わると、日本古来の土着の神祇信仰と交わりながら、神にも仏にも手を合わせる神仏習合となる。神社に付随して神宮寺が建立されるなど、神仏は緊密な関係にあったが、明治の神仏分離令によって別々に切り離された。

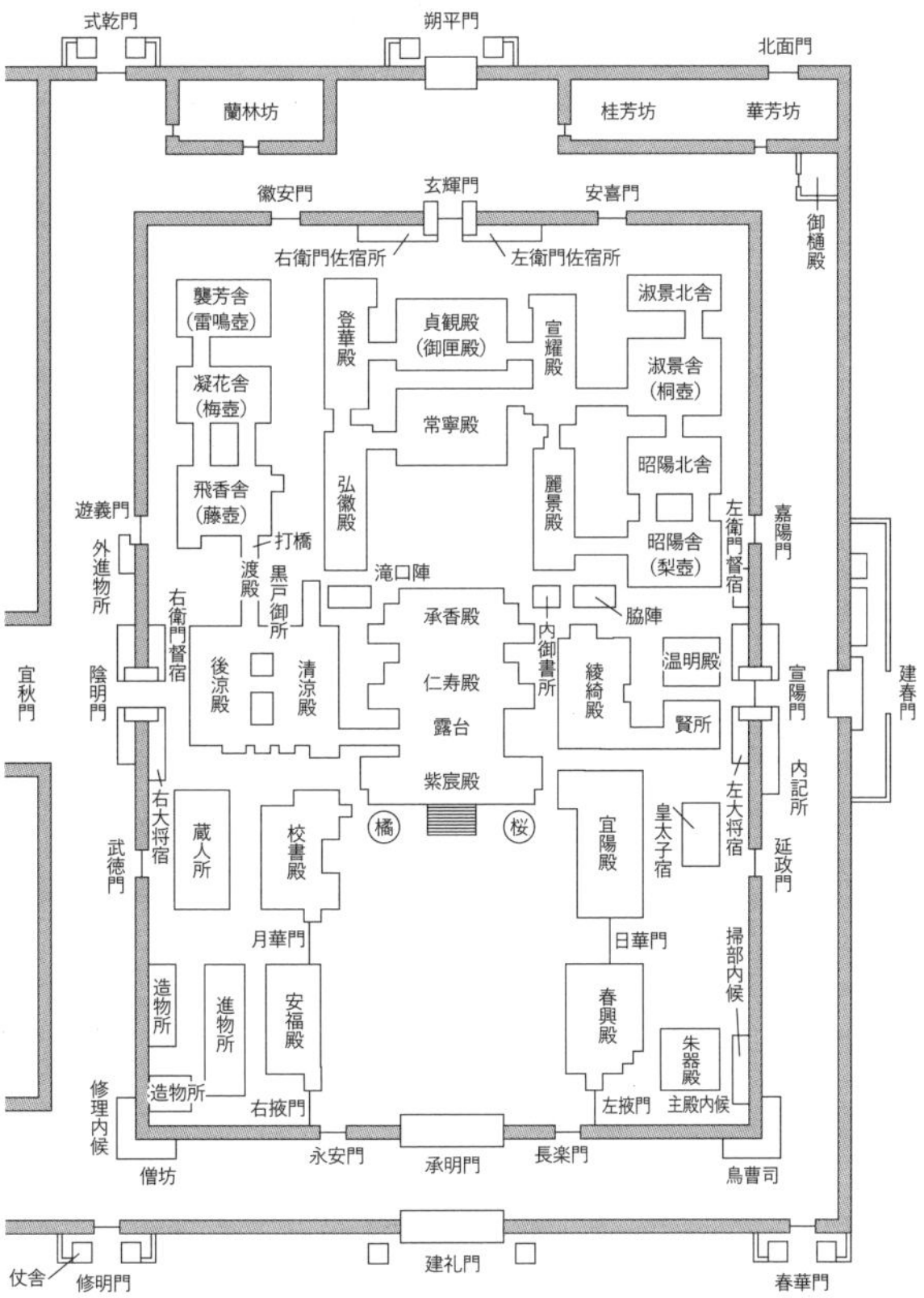

平安京内裏図

内裏図では、私たちから見ると右側に「左」や「陽」の文字があります。「左近の桜」「右近の橘」もまさに天子から見た左右なのです。左大臣が右大臣よりも上位であるのもこのことからです。

左上位も中国由来のしきたりですが、時の権力者とともに決まり事も変わり、中国では左上位と右上位は度々変化してきました。しかし日本では一貫して左上位が守られています。禊祓《みそぎはらえ》をした伊邪那岐命《いざなぎのみこと》の左目から天照大御神が生まれたこと、神聖なしめ縄は左綯《な》いに綯うこと、相撲の土俵入りや盆踊りも左まわりであるなど、左を尊ぶことは古来から日本の信仰と重なっていたのかもしれません。

禊祓と三貴子
(みそぎはらえとさんきし)
伊邪那岐命が黄泉の国から逃れ、禊で身体を洗い清めたとき、左目からは天照大御神、右目からは月読命、鼻からは須佐之男命が生まれた。

左綯い(ひだりない)
日常の作業用に使われる縄は右綯いに綯う。神事に用いる神聖なしめ縄は「左綯い」とされ、日常で使うものと区別されている。

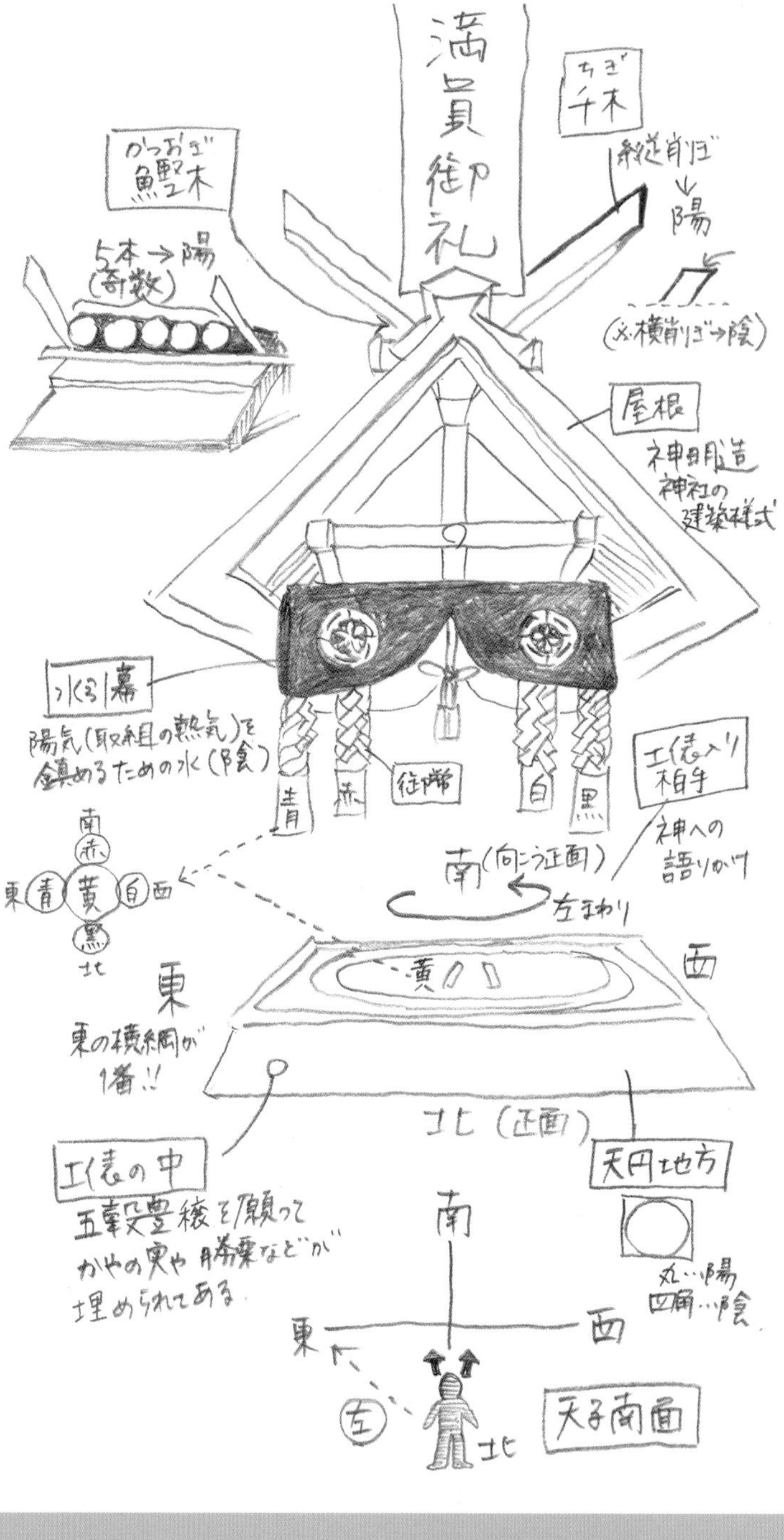

相撲と陰陽五行

もとは神道行事であった国技の相撲には、神事と融合した陰陽五行が今も多く見られます。

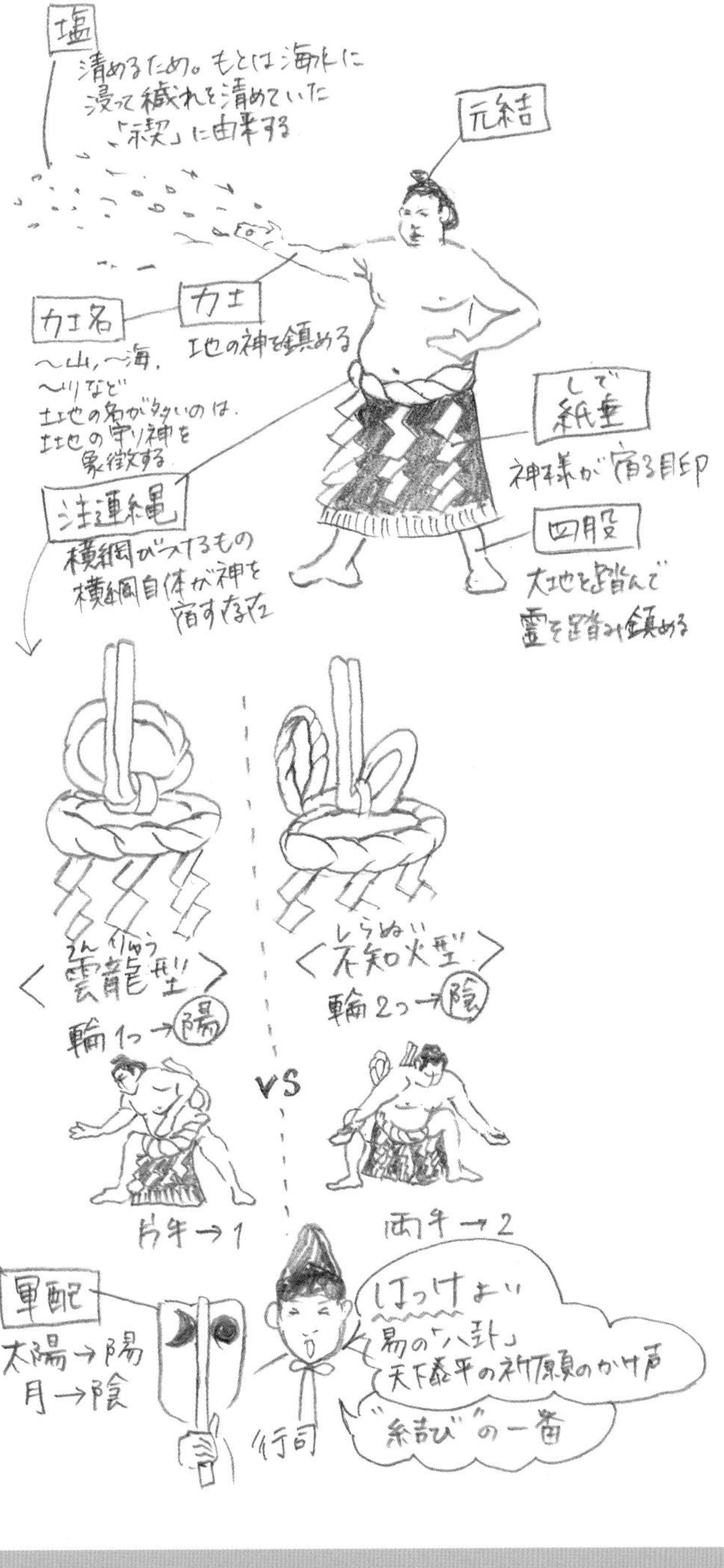

野見宿禰（のみのすくね）と当麻蹴速（たいまのけはや）が第十一代垂仁天皇の前で勝負を行い、勝負に勝った野見宿禰が相撲の祖神となった。

相撲は古墳時代から神事として行われていたと言われている。悪霊を地に踏みしめる呪術的な舞が始まりとされ、力士は地の神を鎮める者として、一人で四股を踏んでいた。やがてそれに対抗する相手役が加わり、両者が争うような舞が相撲に発展したとされている。

奈良時代の頃には、農耕儀礼のひとつとなり、勝敗によってその年の豊作を占う神事相撲が行われるようになった。

神と仏

古代インドから中国、朝鮮半島を経由して6世紀に日本に仏教が伝わると、日本古来の天地の神々への信仰と交わりながら神も仏も尊ぶ神仏習合の思想が生まれました。

奈良時代には神社に付随して神宮寺が建立され、神社とお寺は近い場所にあるなど神仏は緊密な関係にありました。

神仏習合の形は、神は仏が仮に姿を変えてこの世に現れたものとする「本地垂迹説(ほんじすいじゃくせつ)」など神と仏の融合をはかる思想が生まれ、それまでは国家鎮護が主であった仏教が平安時代には庶民にも広がり、神にも仏にも手を合わせる日本ならではの信仰が形成され定着していきました。1200年以上、日本人にとって深く浸透していた神仏習合ですが、明治政府の神仏分離令を機に神仏は別のものとして区別され、神社からは仏具や仏像が、寺院からは神社関係器物が除去されました。

それでも、今を生きる私たちは、大晦日にお寺で除夜の鐘をつき、新年になると神社の初詣で手を合わせ、神と仏が一緒に祀られている七福神に違和感を持たないように感じるのは、潜在的に身についている感覚と言えるのかもしれません。また、お寺の中に鳥居がある光景を目にしたことがあるかもしれませんが、それも神仏習合の名残なのです。

二十四節気

月の満ち欠けの周期に基づく太陰暦は、暦と季節にズレが生じて農作業の予定が立てづらくなります。そのため、中国の春秋戦国時代に太陽の高さや運行に基づいて季節の目安となる日が決められました。それが二十四節気(にじゅうしせっき)です。最も太陽が低い位置にある日が冬至、最も太陽が高い位置にある日が夏至、中間の高さに位置する春分と秋分の4つを基本にして一年を24分割し、それぞれに季節を表わす名称があります。太陰暦を基本に太陽暦の要素も取り入れた暦が太陰太陽暦で、日本でも明治5年まで用いられていました。しかし、二十四節気は中国の気候に基づいてつくられたものなので、日本の気候と合わない名称や時期があり、それを補うため二十四節気のほかに、八十八夜、入梅(にゅうばい)、半夏生(はんげしょう)、土用など「雑節(ざっせつ)」と呼ばれる日本独自の暦日を取り入れたのが、日本の旧暦と言われています。

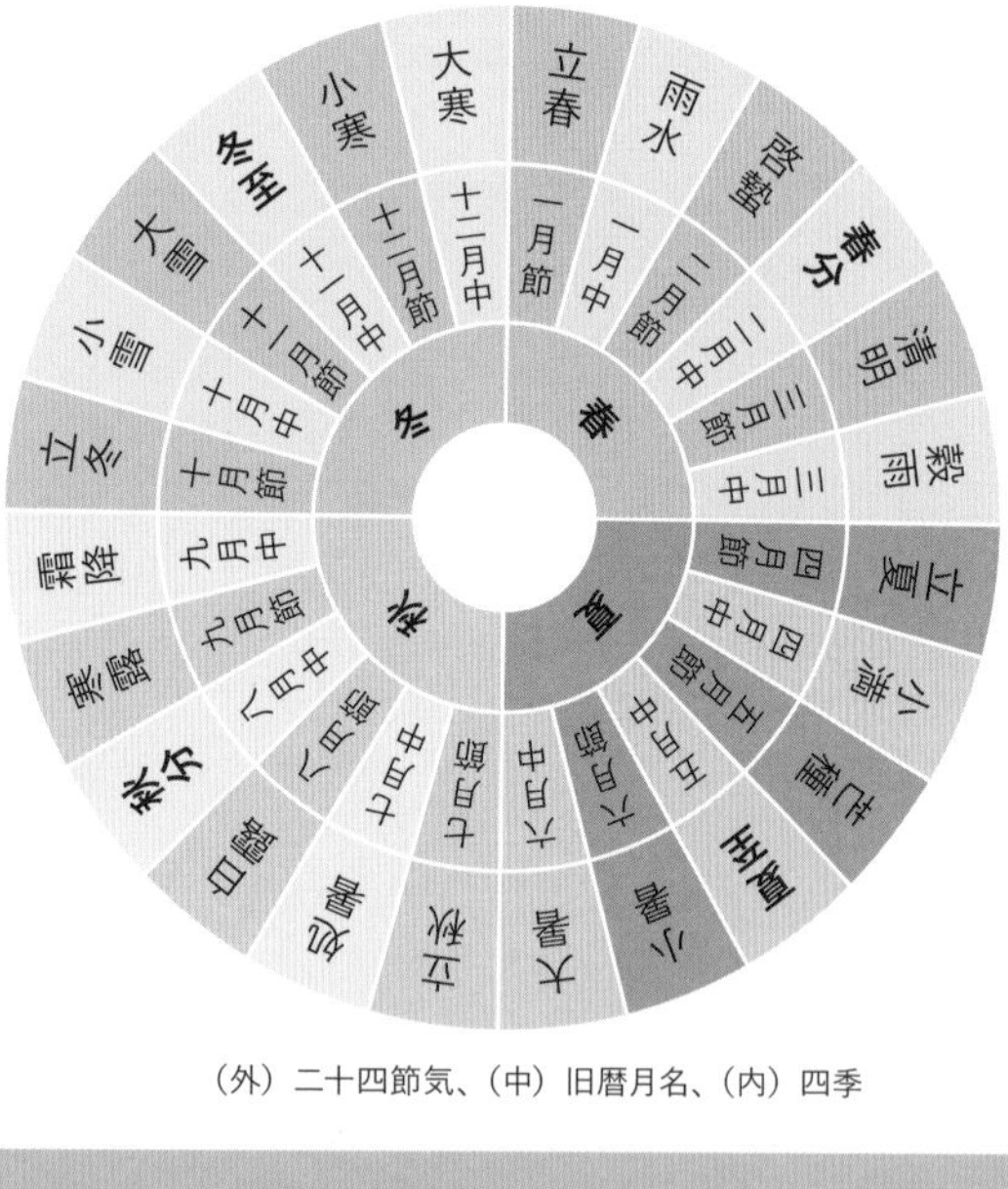

(外) 二十四節気、(中) 旧暦月名、(内) 四季

二十四節気

名称	新暦の目安	意　味	名称	新暦の目安	意　味
立春	2月4日頃	春の気配が感じられる	立秋	8月8日頃	秋の気配が感じられる
雨水	2月18日頃	雪や氷が溶けて水になる	処暑	8月23日頃	暑さがおさまるころ
啓蟄	3月5日頃	冬眠していた虫が動き出す	白露	9月8日頃	しらつゆが草に宿る
春分	3月21日頃	立春から始まる春の中間点	**秋分**	9月23日頃	秋の彼岸の中間点
清明	4月5日頃	万物が生き生きとして見える	寒露	10月8日頃	野草に冷たい露がむすぶ
穀雨	4月20日頃	穀物をうるおす春雨が降る	霜降	10月24日頃	霜が降りるころ
立夏	5月5日頃	夏の気配が感じられる	立冬	11月7日頃	冬の気配が感じられる
小満	5月21日頃	気温が高まり、草木が茂る	小雪	11月22日頃	寒くなって雨が雪になる
芒種	6月6日頃	稲などの穀物を植える	大雪	12月7日頃	雪が降りつもってくる
夏至	6月21日頃	昼の長さが最も長くなる	**冬至**	12月21日頃	昼の長さが最も短くなる
小暑	7月7日頃	梅雨のあけるころ	小寒	1月5日頃	本格的に寒さが増してくる
大暑	7月23日頃	暑さが最も極まるころ	大寒	1月21日頃	最も寒さが厳しくなる

雑節

二十四節気は中国の黄河中流の地域の季節をもとに作られたことから、日本には合わないことがありました。雑節とは、日本の気候風土に合わせて作られた農作業の目安などになる日のことです。

節分（せつぶん）
立春の前日の2月3日頃。本来は、立夏、立秋、立冬の前日も節分である。

土用（どよう）
立春、立夏、立秋、立冬の前のそれぞれの約18日間。

彼岸（ひがん）
春分と秋分を中心にした、それぞれ7日間。

社日（しゃにち）
春分と秋分にいちばん近い戊（つちのえ）の日。豊作を願い、実りに感謝する。

八十八夜（はちじゅうはちや）
立春から88日目の5月2日頃。茶摘みや種まきを始める。

入梅（にゅうばい）
6月11日頃。暦の上では梅雨になる。

半夏生（はんげしょう）
夏至から11日目の7月2日頃。田植えを終える目安。

二百十日（にひゃくとおか）
立春から210日目の9月1日頃。実りに感謝し、台風に備える。

節句とは、1年の中で節目となる大切な日です。二十四節気などとは別に祝祭の日とされてきました。多くは奈良時代に中国から伝わった習わしですが、日本古来の年中行事と結びつき、邪気を払う行事などが行われるようになりました。節句を「節供」とも書きますが、この日に神様を招き節会（せちえ）の料理を供えることに由来すると言われています。五節句は宮中で行われていた行事が江戸時代になると公的な行事・祝日として定められ民間に広まり定着していきました。

人日（じんじつ）の節句　1月7日／七草粥の日

人日とは、中国古来の占いの風習で、1月1日から6日まで、鶏、狗、羊、猪、牛、馬の順に占いを行い、そして7日目に人を占ったことに由来し、7日は「人日の節句」と言われるようになりました。この日に熱い吸い物を食べる習慣があり、それが日本に伝わると七草粥を食べ、無病息災を願う風習となりました。

上巳（じょうし）の節句　3月3日／ひなまつり

古代中国には、3月最初の巳（み）の日に川に入って禊祓いをする上巳節（じょうしせつ）という行事がありました。それが日本に伝わると宮中の庭を流れる溝の水に盃をうかべ詩歌を詠む曲水の宴が行われ、人形（ひとがた）の紙に身の穢（けが）れを移しそれを水に流す祓えが行われるようになりました。この身の穢れを移す人形が、次第に毎年飾る内裏雛となります。内裏雛（だいりびな）は宮中生活を表わしたものであり、現在のような雛人形が広まったのは江戸時代頃だと言われています。また桃の木は中国では邪気を払う神聖な木とされています。

端午（たんご）の節句　5月5日／こどもの日

古く中国ではこの日は陽の気が強すぎる悪い日とされ、薬草を摘み、粽（ちまき）を食べ、菖蒲酒を飲んで邪気を祓う行事が行われました。これが日本に伝わると端午の節句となりますが、もともとは女の子のお祭りでした。この頃は田植えが始まる前で、「早乙女（さおとめ）と呼ばれる若い娘たちが田の神のために穢れを払い清める日とされていたのです。平安時代以降、男の子の行事となっていきます。菖蒲が「勝負」「尚武」にも通じることから武士の時代に盛んになり、江戸時代には中国の故実「龍門を登って鯉が龍になった」にあやかって子供の出世を願うために鯉のぼりを立てるようになり、5月5日は男の子の節句となっていったのです。

七夕（しちせき）の節句　7月7日／七夕

中国と日本の伝説が習合したものが七夕です。中国の牽牛（けんぎゅう）星と織女（しょくじょ）星の星合伝説は有名ですが、もとは織女の機織りが上手であったことに由来して裁縫や習字の技芸の上達を願う星祭りである「乞巧奠（きっこうでん）」が日本に伝わり七夕の起源となりました。一方、日本では古来より「棚機津女（たなばたつめ）」の伝説があります。この時期に訪れる祖霊のために、神聖なる乙女が水辺に張り出した棚の上で神衣を織り、穢れを水に流して祓う行事でした。この二つが融合し日本の七夕となったと言われます。平安時代には、七夕の日に短冊に願いを込めて祈る風習があったとされ、江戸時代には習い事や習字が上達するようにとの願いを込めて祈ることが武士の間で盛んになり、その後庶民にも広がりました。

節句（節供）

重陽（ちょうよう）の節句　9月9日／菊の節句

中国では、陽を象徴する最も尊い数字の9が重なるので重陽と呼び、長寿を祈る縁起の良い日とされました。古来中国では故事にちなんで、菊の花は不老不死に結びつくと信じられ9月9日に菊の花をめでたり、菊酒を飲むなどの習慣がありました。この習わしが日本に伝わり、平安時代には「重陽節」として正式な儀式となりました。重陽の前の晩に綿を菊の花にかぶせ、翌朝、菊の香りのする綿で体を拭くと長寿を保つことができるという「菊の被せ綿（きくのきせわた）の習慣ができ、江戸時代には「菊の節句」として民間にも広まっていきました。

六曜《ろくよう》（六輝《ろっき》）

六曜は、14世紀頃の鎌倉～室町時代に中国から日本に伝わったとされ、江戸時代に急速に広まったと言われます。元来中国においては、戦いや争いごとの吉凶の日を占うものでしたが、日本では次第に日常生活全般に用いられるようになりました。例えば、もともと「友引」は「引き分けて勝負なし」の意味でしたが、日本では「友を引く」という意味合いになり葬儀など弔事が避けられるようになりました。

先勝

「せんしょう」「せんかち」とも読みます。「先んずれば勝ち」の意味で急ぐことが吉とされる日。午前は吉、午後は凶。

友引

「ともびき」「ゆういん」とも読みます。午前と午後は引っ張り合って勝負なしの吉、正午は凶。結婚式には適しているとされますが、葬儀は避けることが多いです。

先負

「せんぶ」「さきまけ」とも読みます。「先んずれば負け」の意味で、この日は静かにしているのが吉。午前は凶、午後は吉。

仏滅

「ぶつめつ」 1日中が凶。陰陽道においては、あらゆることに対して悪い日とされました。

大安

「たいあん」「だいあん」とも読みます。「大いに安し」の意味で1日中が吉。あらゆることにおいて吉の日。結納や結婚式は大安の日に行うことが良いとされます。

赤口

「しゃっこう」「しゃっく」「じゃっこう」とも読みます。大凶の日とされるが、午（うま）の刻（午前11時頃から午後1時頃まで）のみ吉。

第六章

水引の色《みずひきのいろ》

基本の色

古くから水引には、今でもよく目にする贈答用の金銀赤白から弔事用の黒白まで基本の色があります。

近年では紙芯の紙縒《こより》を豊富なカラーに着色したもの、糸やフィルムを巻き付ける二次加工をしたものなど、多種多様な水引があります。

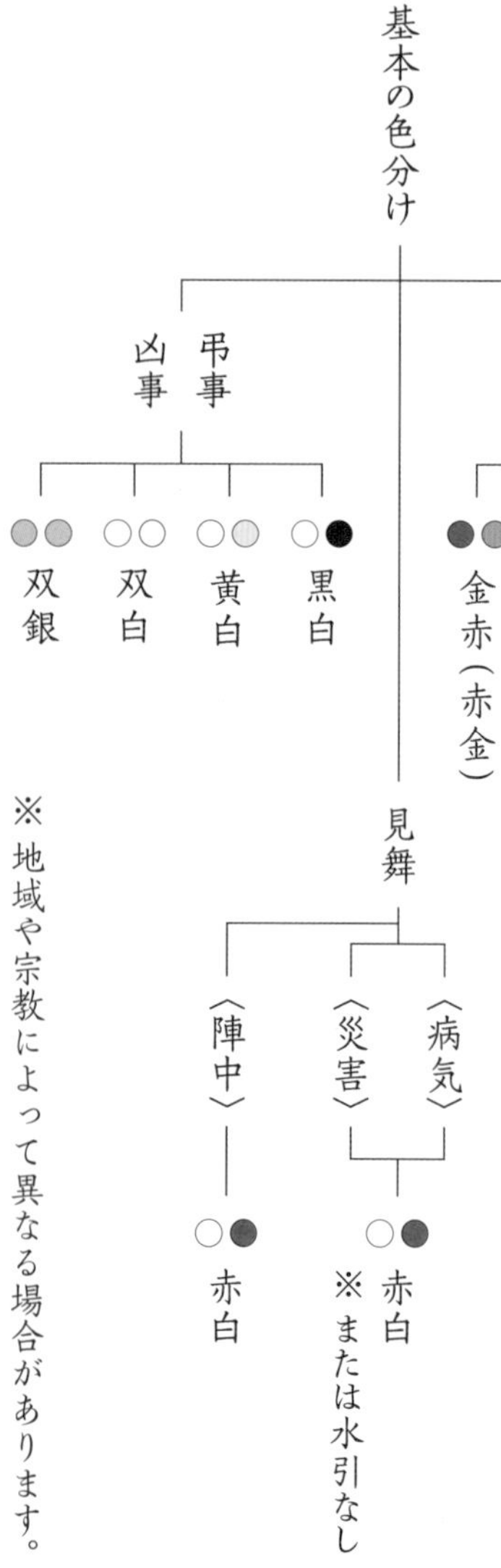

様々な種類の水引

【慶事・吉事】

「金銀」
最も格が高く、主に結納、結婚祝いなど婚礼儀式の場合や、高価で華やかな進物の場合に使用されます。
※左側を銀、右側を金にして結びます。

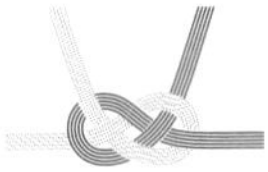

「赤白」
出産、入学、卒業、開業、中元・歳暮など一般的なお祝いごと、日常的な進物に使用されます。
※左側を白、右側を赤にして結びます。

「金赤」（赤金）
赤白と同格とされます。関西地域で好まれ、京都ではお正月のしめ縄飾りなど吉慶に使用されています。
※左側を赤、右側を金にして結びます。地域によっては逆の場合もあるようです。

「紅白（白紅）」

「紅」はいわゆる赤色ではなく、本来は黒みを帯びた濃い緑色で「玉虫色《たまむしいろ》」と表現されます。慶事・弔事に関係なく宮中で使用されている水引は紅白水引一種類のみです。

※左側を白、右側を紅にして結びます。

【弔事・凶事】

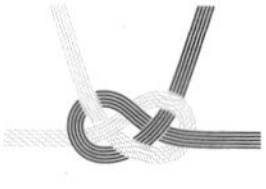

「黒白・双銀《そうぎん》」

不祝儀袋の御霊前、御仏前などお悔やみごとの場合に使用されます。

※黒白の場合は、左側を白、右側を黒にして結びます。

「黄白」

京都を中心に主に関西地方、また歴史的に京都の文化が色濃く残る北陸地方の一部で仏事用として、お葬式、年忌、法事などに使用されます。
※左側を白、右側を黄にして結びます。

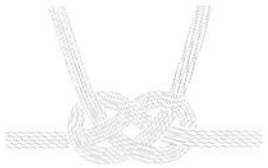

「双白《そうはく》」
主に神式の場合に使用します。

【お見舞】

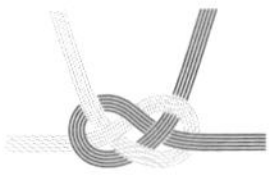

「赤白」
病気見舞、災害見舞、陣中見舞の場合に使用されます。
※左側を白、右側を赤にして結びます。病気見舞、災害見舞に水引をつけない場合も多くなっています。

基本の水引の色の中で最も多く登場する色は「白」です。染め分け水引を使用するとき、その白色は陽の方向であり、日本においては古くから上位とされ、神や天皇から見た「左側」に配置されます。最も尊ばれる色が白となります。

白

『後漢書《ごかんしょ》』によると、建武中元二年（五七年）に倭王が遣わした使者に漢の光武帝より印綬が贈られたとされています。古来、大陸との交流があり、漢字は四世紀末〜五世紀初頭には朝鮮半島を経由して日本に伝わり、そして、仏教や文化とともに色彩の概念も伝わったと考えられます。

その頃の日本の祈りは土着的な信仰で、対象の中心となるものは自然の摂理やその心であり、言わば自然が神だったのです。農耕民族であった日本人は、天候や天変地異など人間の力が及ばない自然の力に畏怖し、豊かな恵みに感

印綬（いんじゅ）
中国の古代王朝では印章制度が整えられ、位や身分の証として「印綬」が与えられた。「印」には金製の他に玉、銀、銅で作られたものがあった。「綬」とは印を身に着けるための紐のことを指す。江戸時代後期の天明四年（一七八四）、博多湾に浮かぶ志賀島（しかのしま）で偶然発見された「金印」には「漢委奴国王」の五つの文字が彫られており、これが『後漢書』にある印とされている。

謝を表して、木々や山、川など八百万《やおよろず》の神々に祈りを捧げました。

隋や唐の色彩文化が入ってくる以前より、日本独自の祈りや色彩観や言葉があったのです。

古代日本の「しろ」は古代中国より漢字が伝わると「白」や「素《す》(そ)」の文字に置き換わりました。もともとの日本の「しろ」は「素」のニュアンスであったと考えられています。WhiteではなくNaturalで、自然そのままの色のことです。つまり、日本において「しろ」という色彩に含まれる「素」の意味合いが尊ばれてきたのです。

そのことをうかがい知ることのできるひとつに伊勢神宮の式年遷宮があります。二〇年に一度社殿を新しく造営し神体を移す祭祀で、長い歴史の中で中断された時代もありますが、第一回目の六九〇年より今もなお続けられています。その新しい社殿は茅葺《かやぶき》屋根で素木《しらき》の掘っ建て柱で造られています。東大寺の大仏のような巨大な仏像を作る高度な技術をもっていたにもかかわらず、素朴な建築方式で色を施さず「素」を大切に継承しているのです。また、神事に

神道の呼び名
仏教が伝来するまでは神道という呼び名はなかった。相対するものが出てきてはじめて神道という概念が生まれた。

古代の白
「白」の色については、古代染色研究家の前田雨城(まえだ・うじょう)が『ものと人間の文化史38 色－染と色彩』(法政大学出版局)の中で書いているように、『古事記』や『日本書紀』に登場する白鹿・白雀・白狐・白雉・白馬など、当時の日本人が不思議と感じたことや、信仰の対象、怪異的で神秘性のあるものを表わしている。

用いる折櫃《おりひつ》や辛櫃《からひつ》などの調度品の多くも無垢の素木を用います。

大嘗祭《だいじょうさい》や毎年の新嘗祭《にいなめさい》で天皇がお召しになる装束を「御祭服《ごさいふく》」と言います。最も神聖な装束とされ、素材は純白の「生絹《すずし》」です。「涼しい」の語源とされ、蚕の繭《まゆ》から引いた糸をそのまま織る、最も素朴な織物です。通常、絹は加工を施し光沢を出しますが、生絹はそのような加工をせず、ザラザラとした自然なままの風合いをしています。夏に着るような涼やかな生地で作られた装束を、秋も深まった一番大事なお祭りにお召しになるのです。

古代中国では、白は権威や権力を表わす意味を持っていたとされますが、次第に死や不幸を連想させる凶の色となっていったようです。現代中国では「白事」とは葬式・葬儀の意味で、中国語の「紅白喜事(hóng bái xǐ shì)」は日本人の感覚ではお祝いごとを表わす熟語に見えますが、中国では「結婚式と葬式」という意味なのです。中国のお祝いごと

御祭服「生絹」／帛御袍（宮内庁）

に白を用いる場合は配慮が必要だと言えます。

古くから日本でも葬儀の際、近親者も白装束を身に着ける習わしがあり、近代まで一般的に続いていました。しかし元来、白は吉凶の領域を超越した概念を表す色でした。『日本の色辞典』（吉岡幸雄、福田伝士著／紫紅社）には、亡くなった人の体を白い布で包んで墓に葬るのは、死者の再生を願ってのことだとあります。吉凶の区別ではなく、死をも人智の及ばない神秘とし、祈りの対象となる色が「しろ」であったとも言えるでしょう。

『日本の色辞典』
京都で江戸時代から続く染屋「染司よしおか」の五代当主・吉岡幸雄と染師・福田伝士の共著である。日本の伝統色四六六色を掲載。うち二〇九色の伝統色を日本古来の染色技法である植物染めで再現した画期的な色標本。紫紅社刊。

赤と紅

「あか」も日本独自の色彩観が存在した色だと言われています。しかし、日本古来の「あか」はひとつの色相を表わす言葉ではなく「くろ」と一対になった思想であるとされます。農耕民族であった古代日本人は生活環境の感覚からも「あかるい」と「くらい」に分け、「明るい」が「あか」に、「暗い」が「くろ」になったとも言われています。したがって、赤

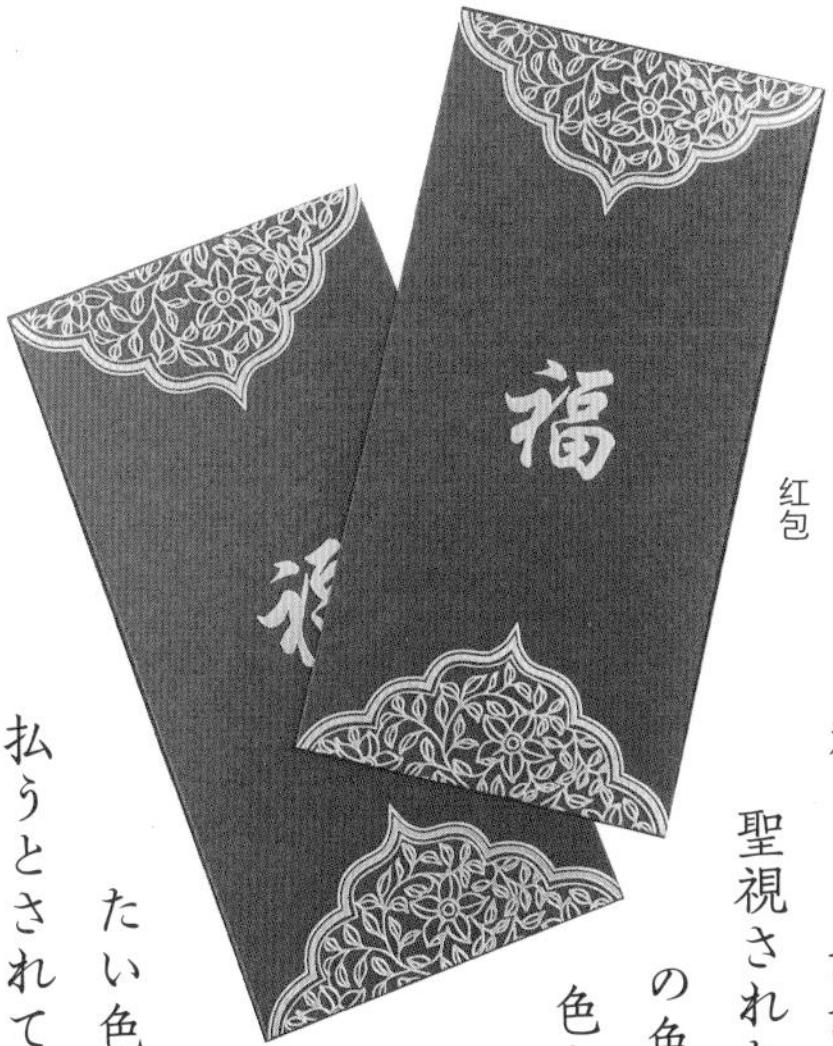
紅包

も黒も一色を指すのではなく、明るい暖色系の紅色、緋、赤、朱、ピンク系などは皆「あか」になり、逆に「くろ」は黒みがかった暗い寒色系の色相を含みます。『有識故実大辞典』の「あか」には六九種もの赤色が網羅されており、膨大な色数があったことが分かります。

古代中国の「赤」は、大きく燃える「火」を意味し、現在私たちが認識するRedを表わす字だと言われています。神聖視された赤色には、魔除けや、富をもたらす福の神の色、活力や高揚をもたらし良い結果を与える色とされ尊ばれました。

現代中国では赤を「紅」と書きます。結婚式や慶事のことを「红事(hóng shì)」、慶事のときにお金を包む、いわゆるぽち袋や祝儀袋のことを「红包(hóng bāo)」と言い、おめでたい色の象徴とされます。紅色は強い力で邪気を払うとされて現代でも絶大なる吉の色とされています。

古代日本では、染料に使用する草木が当時の薬草でもあったことから、身に着けることで病気から身を守る思

『有識故実大辞典』
歴史学者・鈴木敬三による古代中世を中心とした公家や武家の有職故実三二〇〇項目をまとめた大辞典。歴史や文学を研究、理解するために必須となる手引書。吉川弘文館刊。

想があったようです。日本では、もともと赤は「火や血、生命の色」とされ、血液の色である赤は命を意味する色であったのでしょう。

ハレとケ

今も災厄を退け、邪気や穢《けが》れを祓う色として用いられることの多い赤色ですが、「穢れ＝ケガレ」とはどのようなことでしょうか。

日本人は昔から着るものや食べ物、場所など「ハレ」と「ケ」を明確にして生活に区切りをつけていました。

【ハレ（晴れ）】

お祝いなど特別なこと。ハレの日には、晴れ着を着たり、お酒を飲んだり赤飯などのご馳走を食べます。結婚式や晴れ舞台など、普段とは違う非日常のことです。

七五三祝ひの圖 歌川国貞『国芳国貞錦絵』（国立国会図書館）

【ケ（褻）】

普段通りの日常のこと。贅沢や遊びを控えて働くことです。日常があっての非日常。「穢れ＝ケガレ」とは、ケが枯れることを指し、すなわち日常が乱れるという意味です。日常が乱れるとは、病気や怪我になりやすく生命力が衰えることに繋がると考えられ、古来より日本人は穢れを忌み嫌い、祭りや節句といった年中行事で穢れを祓ったのでした。現代のように医療が発達していない当時は、この穢れが命取りになることからも、ケを保ち生命力を維持するために「赤」がとりわけ大切にされてきたのでしょう。

水引の色彩でも、赤白は生命力の象徴として相手の健康を願う色なので出産祝いはもちろん、両家が結びつき新しい関係が生まれることで、結婚祝いにもふさわしいとされています。

近頃ではお見舞いの際、赤白水引をかけず熨斗もつけないタイプの金封が求められていると聞きます。しかし作法書を振り返ってみると、少なくとも明治期から昭和の戦後まではずっと、お見舞いの水引には赤白水引を用いると明記されています。赤白水引が用いられなくなってきた背景には、時代が下るにつれて「結び切り」は一度であってほしいお祝いごとに、「両わな結び」は何度あっても良いお祝いごとに、と使用用途を分かりやすくしました。そのために、赤白はおめでたい色の象徴とされていき、お見舞いが病気や災害など不幸な出来事を示すことが多くなったことで、おめでたくないお見舞いにはふさわしくない色だとされていったのではないでしょうか。

　赤本来の意味を知ると、活力にあふれた慎み深い色なので、お見舞いに使用するのも望ましいと分かるでしょう。

紅白

　「紅白水引」は古くは京都を中心に、昭和二〇年頃まで一般人にも結納や結婚祝いのときに使用されていたようです。戦後、製造技術の継承が途絶えたとされ、だんだんと製造

見舞い（みまい）
今日では一般に病気や災害など不幸なできごとに遭遇した者を慰めるために訪問すること、またその際なされる贈りものを指すことが多い。しかし、かつての伝統的な村落生活などにおいては、葬式の際の通夜見舞・忌中見舞などの例に加えて、出産時の産見舞、家を新築する際の普請（ふしん）見舞、旅行者の家族への留守見舞、農繁期の田植見舞など、見舞と呼ばれるものは必ずしも不幸なときのみではなく状況は多様であった。これらは、慶事を除く各種の取り込みごとに際した訪問であり、祝いと呼ぶにははばかるような贈答を見舞と称した。

が難しくなり、試行錯誤の末に復活させたものが現在の紅白水引とされています。

本来はRedの赤色ではなく、貴重な紅を用いて染色された黒味を帯びた濃い緑色で「玉虫色《たまむしいろ》」とも表現されます（「白紅《しろあか》」は玉虫色のこととし、「紅白」をいわゆるRedの赤とする場合もありますが、本書では「紅白」を玉虫色とします）。紅《べに》とは、紅花《べにばな》の花弁から黄色の色素を取り除き、紅色の色素だけが抽出されたもので、艶紅《つやべに》とも言われます。その紅色の色素はわずか一パーセント。たいへん高価な紅は金と同じくらいの価値があると言われたほどです。紅は口紅として用いられ、平安時代の絵巻物にも見られるように、高位の女性はお化粧として紅をさしていました。

江戸時代（一八〇〇年代前半）、玉虫色に輝く紅を何度も下唇に塗り重ね、笹の葉のような濃い緑色にする「笹紅《ささべに》化粧《けしょう》」が流行しました。しかし、良質な紅でないと玉虫色には輝かなかったようで、当時も大変貴重で高価な玉虫色の紅をふんだんに塗り重ねることは庶民には真似のできることではありませんでした。そこで裏技として唇にまず黒をのせ、その上に安価な紅を重ね、紅の下から黒を浮かび上がらせる効果によって玉虫色に似せた色を作り出したそうです。

笹紅化粧をする女性『今様美人拾二景てごわそう』溪斎英泉（紅ミュージアム）

玉虫色の紅（株式会社伊勢半本店）

紅白水引についても『包結記』の補遺《ほい》には、「紅」はベニバナを原料とする染料を塗布しており、濃く塗られたものは「玉虫色」に見える。時期を特定するのは不可能だが、紅色の下地の紙縒に黒を下塗りして、この上に紅を引いて「玉虫色」の効果を得るようになった、とあります。

　昭和六〇年頃の愛媛県川之江市で製造された紅白元結は、柿渋に油煙《ゆえん》を配合したもので黒色に塗り、それに紅を重ねる手法だったようです。

また、平成二八年の長野県飯田市で製造された紅白水引は、白水引に黒色の顔料を塗り、その上から赤色を塗り重ねる手法でした。

　この水引製造法は江戸時代の化粧法と重なり、水引でも同じような事情から、本来紅だけを用いていたものが、黒と赤を塗り重ねて玉虫色とするようになったのかもしれません。

紅の見分け方

紅の専門家によると、紅だけで染めたものかを見分ける方法のひとつとして、手についた紅が石鹸で簡単に落ちるかどうかがある。簡単に落ちると、それは混ぜもののない紅だけで染められているとのこと。

昭和天皇御即位の紅白水引

宮内省の役人が立ち、女性達が水引を束ねている。

昭和三年、愛媛県伊予三島、川之江市（現在の四国中央市）に宮内省より昭和天皇御即位の大礼に際して五〇万本もの紅白水引の製造依頼が入りました。当時、水引業者総動員とも言える七社の水引職人たちは、神様にお仕えする水引を作るために身体も場所も神聖な状態に整えて挑んだようです。身を清め、羽織袴の正装姿で身なりを整えて宮内省の役人も含め神事の儀式を執り行いました。水引製造を行う場所である「はざ場」の周囲は「しめ縄」で囲い清められ、神聖な場とされました。

製造にあたっては、はざ場をはじめ各所の入り口に宮内省の番人が立ち、厳格な雰囲気の中で水引職人たちが紅白水引の製造に従事したと言われています。

昭和天皇即位での水引製造風景（マルマツ紙業株式会社）

神事の儀式を執り行い、関わる人々や場所を神聖に清めた。

御水引謹製場。「はざ場」と呼ばれる水引を作る場所。

御水引出荷。整えられた水引を出荷する様子。

黒

今も伊勢神宮をはじめ神社での神事に黒白の幕を見ることができます。鯨幕《くじらまく》と呼ばれるこの幕は神聖な場所を示すものとされ、決して葬儀ではありません。『宮中御儀式絵巻《きゅうちゅうおんぎしきえまき》物《もの》』『上覧相撲会場の図』にも黒白の幕を見ることができますが、これらの絵は宮中の儀式や神事の様子なのです。

『宮中御儀式絵巻物』（国立国会図書館）

『文政六年四月上覧相撲会場図』（相撲博物館）

公家が一番上に着用する装束を「袍《ほう》」と言います。官位と装束の色との関係は冠位十二階の制令より変遷を重ね、平安中期以降、高位の人だけが着用した表着の色は黒とされていました。また、内裏の正殿である紫宸殿《ししんでん》に代表されるように、公家のシンボルカラーである紫は、陰陽五行では黒ともされ、黒は公家を象徴する色と言えます。

この高貴な黒が、なぜ一般的に弔事(凶事)を連想させる色になったのでしょうか。

凶事の意識が強くなったのは江戸時代。葬式制度の始まりにありました。

神道には開祖も、教典と呼べるような書物もなく、万物全てに神が宿ると信じて敬う「自然崇拝」から始まり、自然多発的に誕生した信仰です。死んだあとの「あの世」に対しての教えはなく、あの世は全部「黄泉《よみ》の国」で、そこは良い所でも悪い所でもない、ただ死んだ人が行く所とされています。

仏教は「浄土・極楽浄土」と言われる「あの世」に大きな世

界観を持っています。仏教に救いを求め人々は祈ってきましたが、庶民まで仏式でお葬式を行うようになったのは、ようやく江戸時代になってのことでした。

庶民に広がるお葬式
江戸中期には葬具屋が、江戸後期には葬儀屋が誕生した。

キリシタン禁制とお葬式

そのきっかけとなったことが、キリシタン取り締まりの一環である宗門改《しゅうもんあらため》と寺請《てらうけ》制度です。民衆が信仰する宗教を調査して記帳していき、キリシタンではないことを証明する寺請証文を受けることを民衆に義務付けたのでした。必然と民衆は寺請をしてもらう寺院の檀家となるため檀家制度が確立することになります。檀家制度とは、檀家の葬祭供養の一切を寺院が取り仕切る、寺と檀家の関係性のことです。仏式のお葬式が制度化され始めたことで、民間でも吉事と凶事の概念がよりはっきりと区別されるようになったのでしょう。

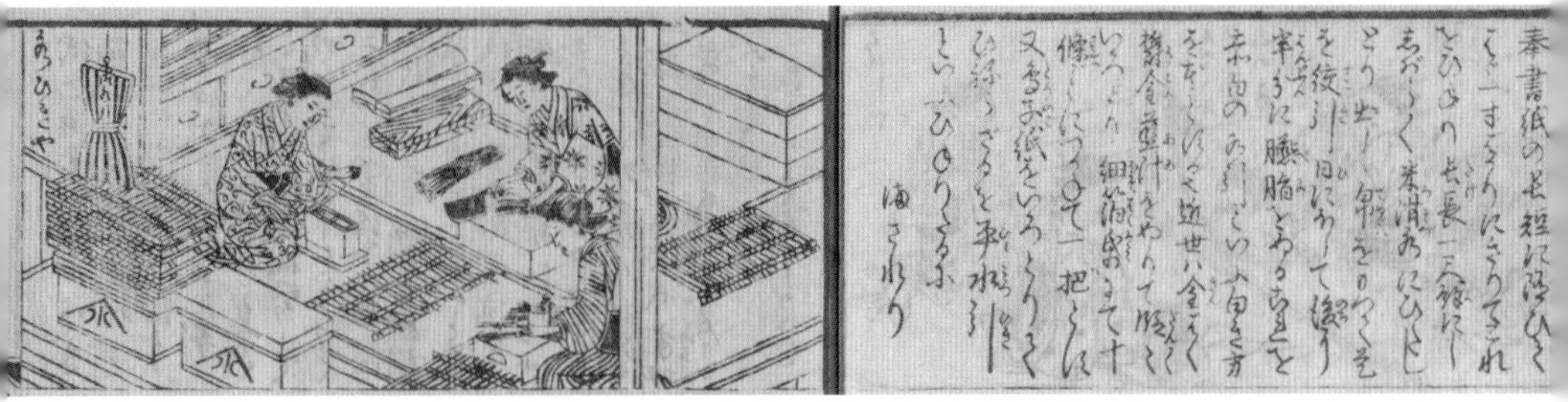

『女大学』柏原清右衛門ほか（国会国立図書館）

凶事の色と黒喪服

江戸時代の書物に凶事に用いる水引の色を見つけることができます。『守貞謾稿《もりさだまんこう》』には、「凶事には半白・半藍を用いる」、『女大学』には「赤白のほかに、金箔、うこん、藍などの色を塗る」とあり、江戸時代後期には凶事に用いる水引は「藍」や「白一色」が代表的な色だったようです。まだ黒色が主流ではありません。うこんは黄色です。

それまでは白色だった喪服の色が、明治維新の西洋化政策により西洋諸国の喪の色である黒色に倣い、皇室はじめ上流階級の人々の間で黒喪服の時代が始まりました。

しかし、すぐには定着せず時間を要します。明治時代の度重なる国葬において、会葬者が着用すべき喪服の心得が示されながら上流階級の間で徐々に黒喪服が定着していきました。

このことを裏付けるように、明治期の作法書には凶事用の水引として、黒白、藍白、白一色と表記されるようにな

『守貞謾稿』（もりさだまんこう）
江戸時代の風俗をまとめた書物。一八三七年に喜田川守貞によって書き始められ、完成までに約三〇年を要した。江戸、大阪、京都の三都市の文化の違いなどが図とともにまとめられ、文献的価値も高い。

『女大学』（おんなだいがく）
江戸時代中期以降、広く普及した女子教訓書。

洋装の黒喪服
明治五年、太政官布告第三七三号において、官人の洋装が義務付けられた。

ります。明治初期の黒白は、藍白、白一色の略式とも記されていましたが、時代が下るとともに黒白が台頭していきます。

そして、第二次世界大戦をきっかけに庶民にも黒喪服が広がったとされます。当時、喪服は貸衣装、すなわちレンタルで着用することが一般的で、貸衣装屋には白と黒の喪服が混在していましたが、多くの人が亡くなりレンタルされる喪服が増えると、手入れがしやすく汚れが目立たない黒喪服が多く揃えられ、庶民にも黒が喪の色として認識されていきました。西洋化の影響は上流階級から庶民にも浸透したのでした。

水引職人『人論訓蒙図彙』（国立国会図書館）

また、本来は亡くなった人の親族など近親者が着るための喪服でしたが、明治時代末期から新しい文化として「告別式」が導入されたことで参列者も喪服を着用することになりました。大勢の人が黒の喪服をマナーとするようになり、民間で「弔事＝黒色」の概念が確立されていったのでしょう。

喪服のレンタル
江戸時代中期頃には貸衣装屋が見られるようになり、富者は自前の喪服を用意できたが、中流以下の多くの場合は貸衣装を利用した。

白の喪服
黒喪服の着用は時間を要して上流階級から庶民にも広がっていったが、特に一般女性においては従来の白喪服も地方によっては着用され続けた。

黄

平安時代以降、日本の天皇が重要な儀式の際に着用する装束に「黄櫨染《こうろぜん》の御袍《ごぼう》」があります。黄櫨染は黄色の一種で、赤みがかった黄色、黄色がかった茶色などと表現されます。中国の皇帝が南に高く昇った太陽の色である赤黄を着用したことに、平安前期に嵯峨《さが》天皇が倣ったことが始まりとされています。

黄櫨染御袍（宮内庁）

中国では時代によって色や数などの意味合いが変わりますが、古代中国では五行思想において方角の「中心」とされる黄色が皇帝の色とされ、皇帝以外には黄色の衣装を身に着けることが許されませんでした。

黄丹袍（宮内庁）

古代中国に倣った日本でしたが、日本では今も南に昇りきった太陽を意味する黄櫨染が天皇の黄色であり、東から昇り始める太陽の色、黄丹《おうに》（おうだん）が皇太子（もしくは皇嗣《こうし》）の色とされています。天照大御神が太陽神であることから太陽と親密な関係にあるのです。

また、黄色は仏《ほとけ》の色であり、浄土の色でもあります。五行思想において黄色は土を表わします。土用の丑の日の「土用」とは季節と季節の間のことで、土の作用が強くなるとき

皇嗣（こうし）
皇位継承順位第一位の皇族のこと。

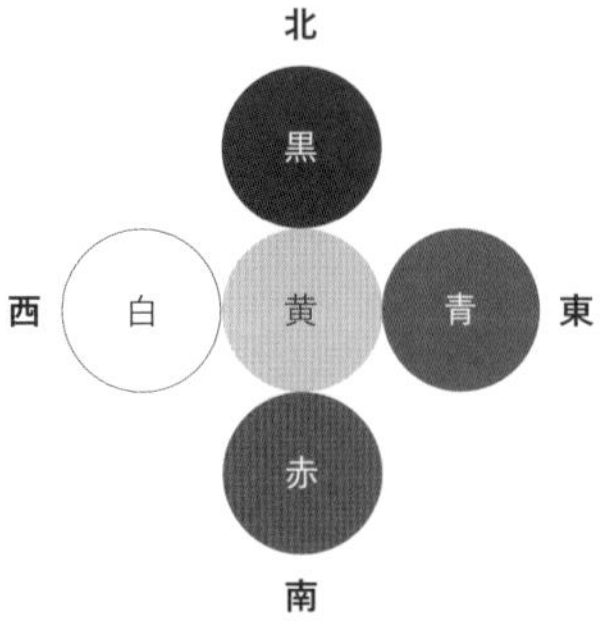

五方と五色の関係

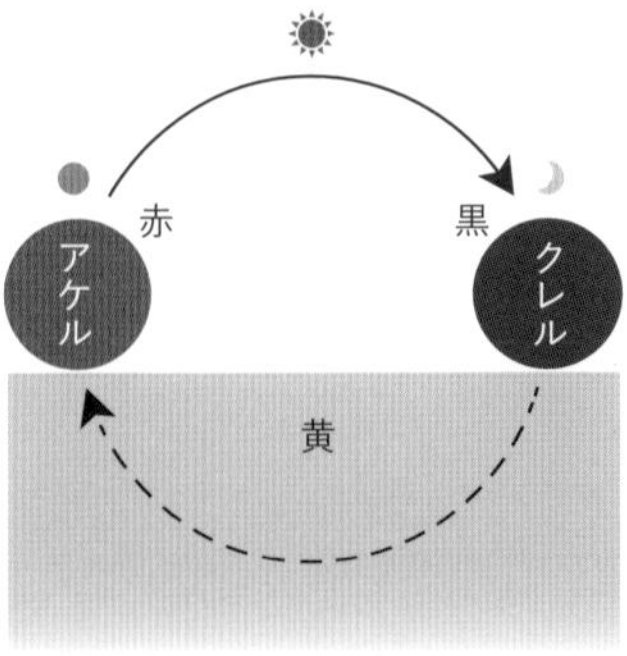

日がアケルからクレルのサイクル

とされます。次の季節へと変化させる調整期間なのです。日がアケル「赤」から日がクレル「黒」の間に黄色があり、生まれてから死ぬまでの人の一生を太陽の動きに重ねると、輪廻《りんね》のサイクルの中で人が死んでから次の生を受けるまでの「中有《ちゅうう》」の期間が黄色であるという説もあります。人は亡くなると土にかえり、仏になるという祈りが込められた仏事の作法にふさわしい色と言えます。

古くから公家文化と関係が深く、独自の文化を育んできた京都を中心に、大阪、奈良、滋賀などの関西地域と京都の文化の影響を受けた北陸地域で弔事の際に用いられる黄白水引。『京の儀式作法書』(岩上力著/光村推古書院)によると、一見深緑とも黒色とも見える紅白水引との見間違いをなくすため、京都では黒白水引を使用しなかったと言われています。

古代日本人は人智を超えた感覚を「しろ」、あらゆるものを生み出すエネルギーを「あか」で表しました。赤と白の組み合せは、日本人の強い想いが込められ形となった特別な色とも言えます。

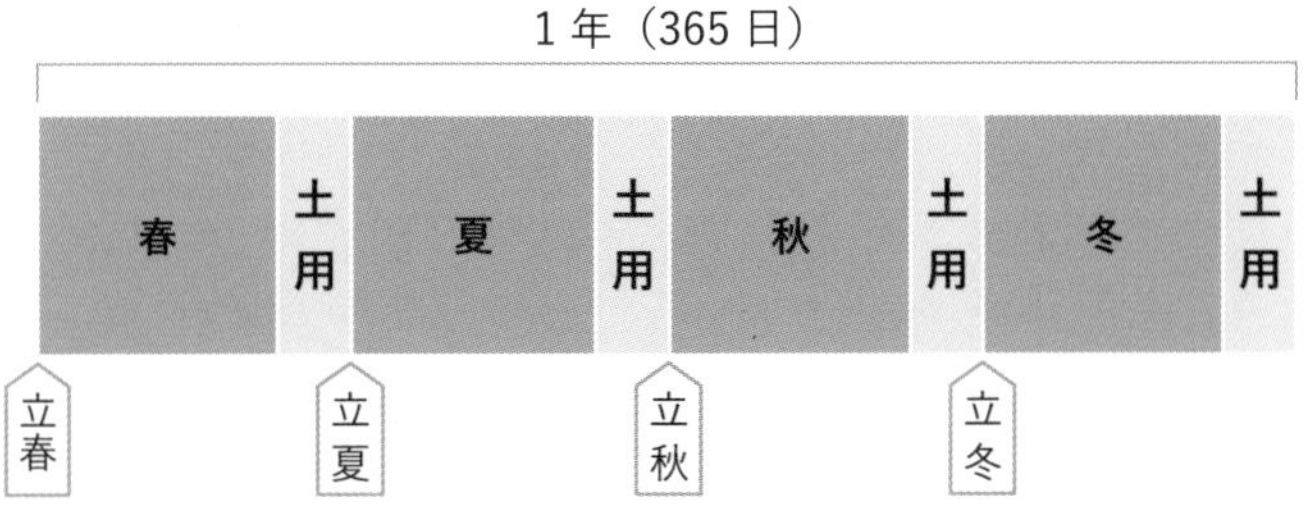

土用(どよう)
季節の変わり目と言われるときで、一年に四回ある。立春、立夏、立秋、立冬、その季節の始まる前の約十八日間を土用という。

凶事や弔事は不吉なことでも縁起の悪いことでもなく、故人を偲び想うための色づかいであったことを教えてくれます。明治以降、西洋の影響によって黒が取り入れられると、どこか形式的な色へと変化していったのではないでしょうか。

時代は進み、今では故人の尊厳を大切にする葬儀が行われるようになりました。もしかしたら華やかな色で見送ってほしいとメッセージが残されるかもしれません。生きた証としての色、故人の人柄を思い出すような色。それも心の通った立派な弔事の色と言えるのではないでしょうか。

喪服

日本では古くから人が亡くなったときの装いに白色を身に着けていました。

『隋書』倭国伝には7世紀初頭の倭国の様子として、親族の葬儀には麻布で作った喪服を身に着けていたと記されています。隋・唐文化の影響を受ける以前から日本で「しろ」は人智を超える神秘的な力を示す意味として用いたと言われます。その後、長く白色の喪服でしたが、奈良時代、天皇が二親等内の喪に服すときに墨色の「錫紵（しゃくじょ）」を着ることが定められました。その経緯には、唐の喪服の制度に倣おうとした日本でしたが、唐で白い麻布を意味する「錫」を金属のスズだと勘違いしたことから墨染めになったと言われています。

その後の平安時代、宮中の貴族の間でも喪服は「白」から「鈍色（にびいろ）」が用いられるようになりました。高位の人々に限った色ですが、近しい人が亡くなったときに喪に服する気持ちを込めて着用された鈍色は、真っ黒ではないグレーの色で、黒に近い濃いグレーから白に近いグレーまで濃淡に幅があります。薄鈍色は僧服の色であったことから仏教の影響もあったとされます。

『源氏物語』「葵」の巻では、正妻葵の上が亡くなったときの光源氏についてこう述べています。


にばめる御衣たてまつれるも、夢のここちして、われ先立たましかば、深くぞ染めたまはしとおぼすさへ

（鈍色の衣に身を包んだ光源氏は想います。葵の上が亡くなってしまったことはまるで夢のようだ。もし、自分が先であったら葵の上はもっと深い鈍色を着てくれたであろうと。）


悲しみの大きさや深さをグレーの濃淡に重ねて愛情や心境を表現しているのです。当時は妻の喪には3か月、夫の時は1年間喪服を着ることになっていたと言われています。文学に登場する色には、実際には無かった色もあるようで、色名の字面や言葉の響き、季節から連想する想像力を引き出し、物語をよりドラマチックにする効果がありました。

その後、武家の時代になると、禅宗が葬礼と深く関わるようになり、喪服は再び白に戻りました。上流階級では鈍色と白の変遷が見られますが、庶民はずっと白であったとされます。

第七章

熨斗《のし》

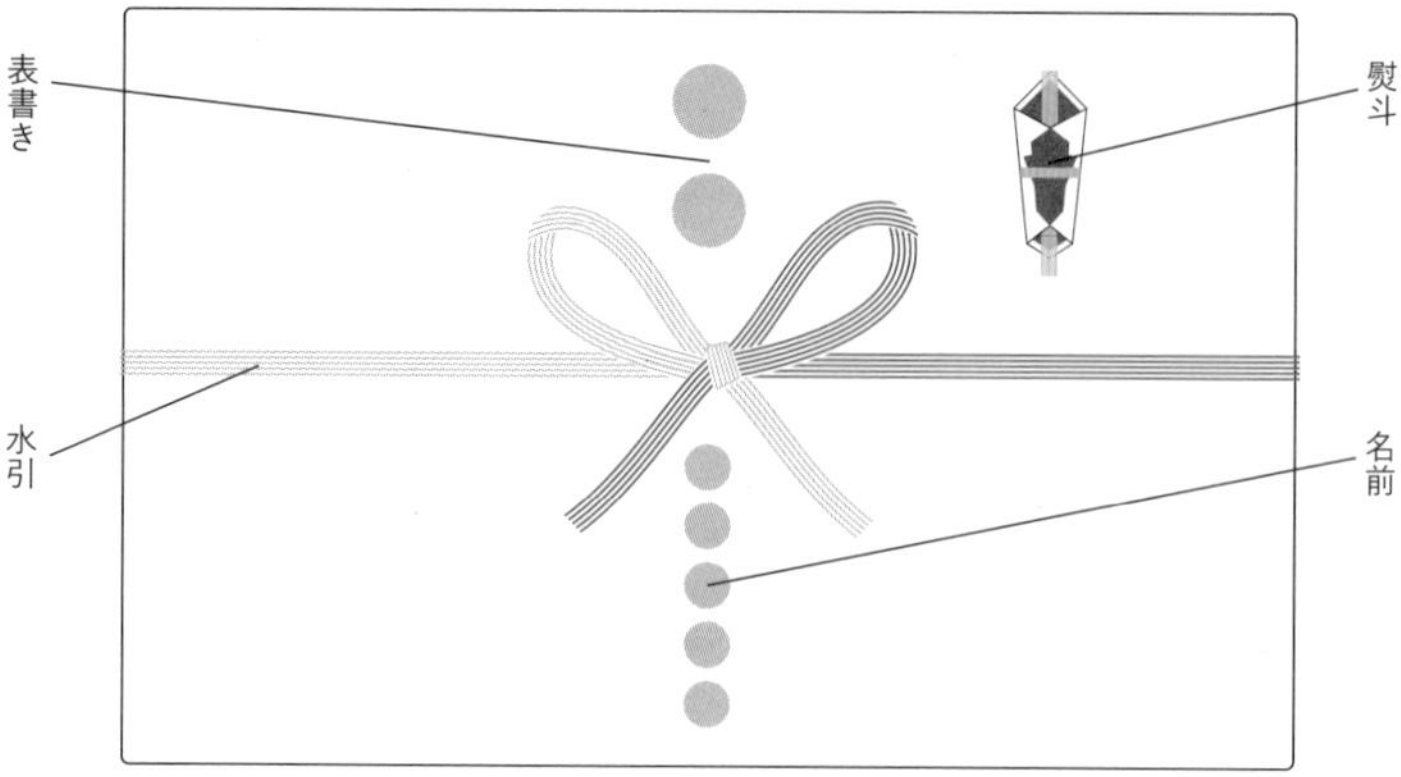

熨斗紙

熨斗の贈りもの

「熨斗《のし》」と聞いてすぐに熨斗の姿を思い浮かべることができますか？　ご祝儀袋の右上に付いているものがいわゆる「熨斗」です。贈りものを購入したとき、店員の方に「熨斗紙をお掛けしますか？」と尋ねられたことがあるかと思います。熨斗紙とは水引と熨斗の図柄が描かれた紙全体のことを指し、熨斗とは、右上に描かれた小さな飾り単体のことを示します。熨斗紙の場合、主役は水引ではなく、熨斗なのです。ちなみに、熨斗が描かれていない水引のみの紙は「掛《か》け紙」と言います。

実は、熨斗は全ての贈りものに付けるものではありません。付けて良いとき、悪いときがあります。

贈りものは「贈答品」や「進物」などの呼び方がありますが、古くからこれら進物には熨斗が欠かせない存在でした。

『定本柳田國男集 第十四巻』（柳田國男著／筑摩書房）の「のしの起源」の項にはこのようにあります。

人々に我々が物を贈るとき、必ずノシといふものを添へることは、暫く日本に滞在した外国人ならば皆知って居る。しかし其起りとかもとの趣意とかを尋ねようとすると大抵の日本人にはもう説明が出来ぬやうになりかけて居る。

『のしの起源』柳田國男

柳田國男が生きた、明治、大正、昭和前期には、すでに大抵の日本人が熨斗を説明できなかったと言うのです。そしてそれまで、あまりにも普通で当たり前のものであった熨斗が時代の変化にともない形骸化して、大切な文化の意味が途切れてしまったと続いています。それでも完全に無くならず、今に残っている熨斗には日本人が大切にしてきた何かが秘められているのではないでしょうか。

シンボルとしての熨斗

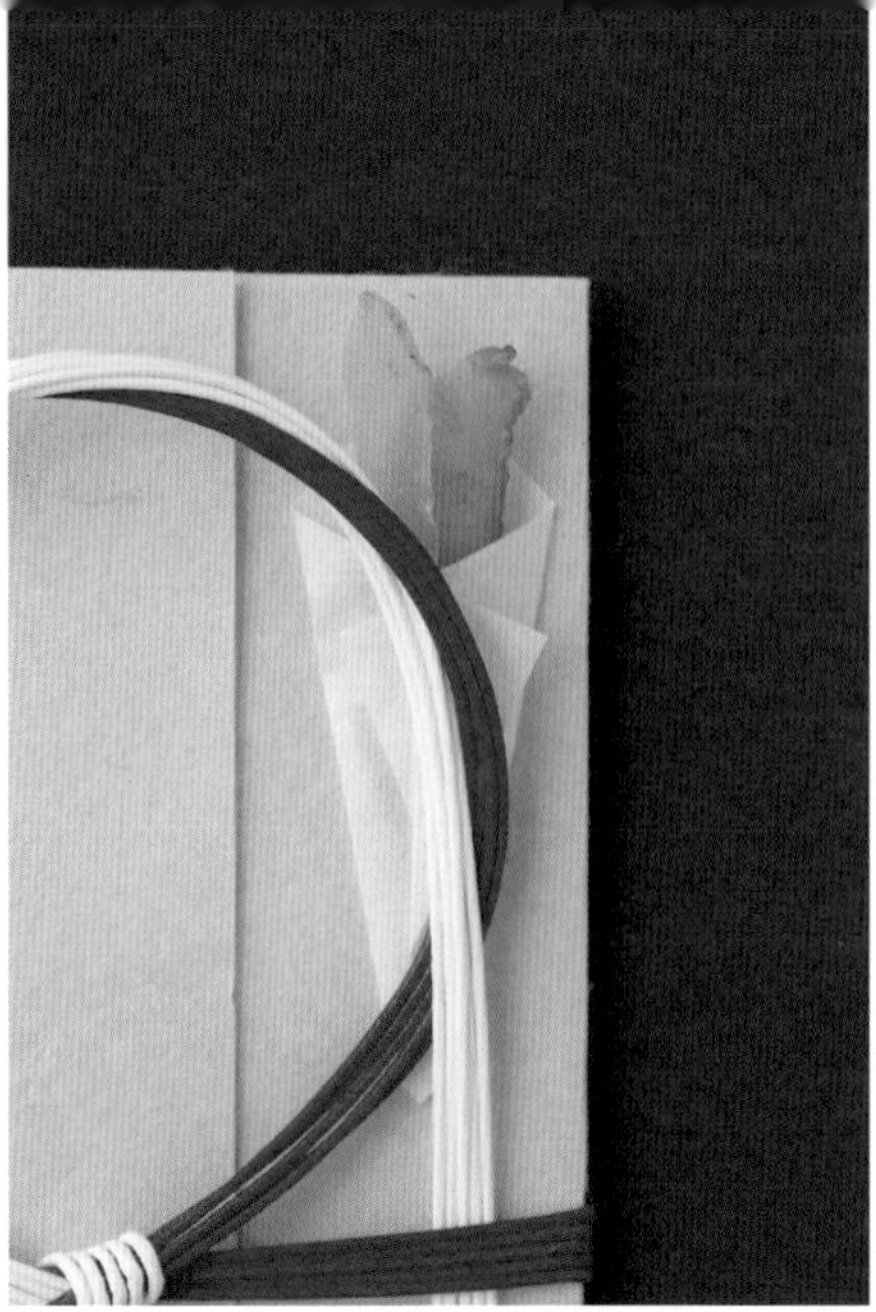

熨斗鮑（ノットスタンダード株式会社）

熨斗はおめでたいときだけのものではありません。お中元やお歳暮はおめでたいものでなくても熨斗紙を掛けます。熨斗とは真心のこもった贈りものの印なのです。お見舞いの進物や金封には、「のし＝伸ばす」という言葉のイメージから「病気を引き延ばす」を連想させるので、熨斗を付けないことが今では一般的とされていますが、本来はお見舞いの種類によっては熨斗をつけて良いのです。

それでは真心のこもった贈りものの印とはどのようなことでしょうか。少しずつ掘り下げてみたいと思います。

熨斗鮑の代用には、黄色い紙やビニールが使われている。

熨斗をよく見てみると、折られた紙に、黄色く細長いものが包まれています。実はこれは、鮑《あわび》の代用品として用いられているものです。そう、高級で美味しい貝の鮑です。もともとは、本物の鮑が包まれていました。本物の鮑といっても生ではなく、乾燥させて薄く伸ばした鮑を用いており、一般には「のし」と称されていますが、本来は「熨斗《のし》鮑《あわび》」が正しい呼び方です。

そもそも熨斗とは、柄《え》の付いた底が平らな焼物の容器に炭火を盛り、その熱で衣類の皺を伸ばす道具でした。今で言うとアイロンのことです。「熨」は火で伸して押さえ温めるという意味で、「斗」はひしゃくのことです。「火熨斗」とも言われます。鮑を薄く伸ばす「伸す」と「熨斗」の言葉が重なり「熨斗鮑」と定着したようです。

熨斗鮑

贈りものに「鮑」とは少し不思議な感じがするかもしれません。その背景には「ナマグサ」の考え方があります。

日本では古くから、新鮮な山海のものを神様に捧げる風習があり、私たちの暮らしの中でも「美物進上《びぶつしんじょう》」と言われ、

火熨斗

美物とは魚や鳥のことで吉事の際は欠かせないものでした。これらが「生ぐさいもの＝ナマグサ」です。現在でも結婚披露宴ではお刺身やステーキなど魚やお肉類をいただくのも、大相撲の優勝力士が両手に大きな鯛を持つのも、吉事にはナマグサが欠かせないからなのです。

逆に凶事とされる、人が亡くなったときには、宗教や宗派によっても異なりますが、魚や鳥などの肉類を避けて野菜や豆類を調理した精進料理が並びます。このように、「ナマグサ」は吉事と凶事を分ける存在なのです。

ナマグサの代表とされたのが鮑です。本来は熨斗鮑が使用されていましたが、段々と簡略化された熨斗となり、そして印刷された熨斗となっていくのです。

不老長寿の祈り

なぜ鮑がナマグサの代表となったのかというと、鮑には不老不死の願いが込められているからです。中国から伝わった伝説に「九穴《くけつ》のアワビ」があります。それを食べると永遠の生命を授かるとされる幻の鮑の話です。通常の鮑の貝には表面に呼水孔《こすいこう》と呼ばれる穴が四個から五個ありますが、どうも穴が九個ある鮑が存在すると言うのです。

永遠の生命を運んでくる海の波、それは常世《とこよ》の波と呼ばれますが、古代日本人ははるか東の海の彼方から常世の波が打ち寄せてくると信じていました。天照大御神は、伊勢の国は常世の波が幾重にも寄せてくる立派で美しい国なので、伊勢神宮に鎮座されると決めたのです。鮑が豊富に獲れることでも有名な伊勢の海。このように、鮑は永遠の生命を願う不老不死の象徴なのです。

伊勢神宮の神宮徴古館《じんぐうちょうこかん》に隣接する神宮農業館には鮑の展示があり、このように述べられています。

贈り物の「のし」はアワビを干したのを用いるのが正式です。清浄さと不老長寿を祈ってのシンボルです。

熨斗を吉事の「おめでたいときにつけるもの」と考えるのは間違いではありませんが、おめでたいもの一択ではないことが分かります。根幹となる考え方は「この贈りものは、あなたの健康（不老長寿）と幸せを願って、真心をこめた清らかな品物である」という相手を想う心の現れなのです。そのシンボルとして熨斗が付けられるのです。

熨斗を付ける／付けない

実際に私たちが贈りものをする場合、熨斗の有無はどのようになるのかを整理して見てみましょう。

熨斗を付ける	
吉　事	結婚、出産、入学、新築などお祝い全般に使用する。
お見舞	本来は相手の健康、長寿、幸せを願うので使用する。
お中元 お歳暮	相手の健康と幸せを願い使用する。

熨斗を付けない	
凶事	弔事の際は「殺生を避ける」ことから熨斗を使用しない。
贈りものが魚・肉の場合	熨斗はナマグサの代わりです。贈りものがナマグサである場合は重複するので使用しない。

※地域や宗教によって異なる場合があります。

鮑と日本神話

様々な山海の産物がある中でどうして鮑が選ばれたか。先に述べたように、伊勢神宮(以下、神宮)の創建が深く関係しています。

アワビの漢字は鮑・鰒・蚫など数多く存在します。明治以降に「鮑」が一般的な用字用語となる前は、公文書には「鰒」が古くから使用されており、神宮では現在も「鰒」と表記されています。

『日本書紀』によるとおよそ二〇〇〇年以上前、倭姫命《やまとひめのみこと》は天照大御神をお祀りする場所、またお食事としてお供えする食材が確保できる豊かな土地を探して各地を巡行していました。伊勢の地に辿り着いたとき、国崎《くざき》の海女さんに鮑をいただいたとされています。そして倭姫命に天照大御神の神託が降りてきます。

「この神風の伊勢の国は、則ち常世の波の重波《しきなみ》よする国なり。傍国《かたくに》の可怜《うま》し国なり。この国に居らむと欲ふ。」

『日本書紀』

永遠の命の国から波が幾重にも寄せては帰す伊勢の国は、大和の都から離れた地でしたが、風光明媚で美しい。この国に居ようと思います。

天照大御神はそのように理由を告げて神宮の歴史が始まりました。鎮座する場所のきっかけとなったのが鮑だったと言っても過言ではありません。

御食国(みけつくに)
古代から平安時代まで、朝廷に海産物を中心に献上してきた国。志摩国の他に若狭国や淡路国などが挙げられる。

伊勢志摩は三重県の東に突き出した半島で、古くから海産物の宝庫として知られ、人々は朝廷に鮑を税として納めていました。奈良時代（七四五年）の木簡に志摩の国から鮑が朝廷に運ばれ納められた記録があります。税として納めることは、今でいうお金のことですので大変高価で貴重であったことが分かります。また、朝廷に納められた鮑は、神饌《しんせん》（神様へのお供えもの）として大切にされました。

神様へのお供えもの

鮑がどれほど重要な存在であるかは、神饌から見て取れます。神宮ではおよそ一五〇〇年もの長い間、毎日欠かさずに続けていることのひとつに、天照大御神への神饌のお供えがあります。「日別朝夕大御饌祭《ひごとあさゆうおおみけさい》」と呼ばれ、ご飯、お塩、お水を基本に、鰹節、魚、海藻、季節の野菜や果物、お酒の献立。言わば日々のお食事です。

一方、神宮のお祭りの中でも最も重要とされ、収穫の恵みに感謝する「神嘗祭《かんなめさい》」の神饌が「由貴大御饌《ゆきのおおみけ》」です。

神饌（しんせん）
神饌という語は明治以後の新しい用語で、古くは御饌（みけ）と記されていた。

御饌殿（みけでん）
毎日、朝夕の二度、天照大御神・豊受大御神をはじめとする神々にお食事をお供えする場所。外宮の御垣内の東北隅に位置する。

由貴大御饌

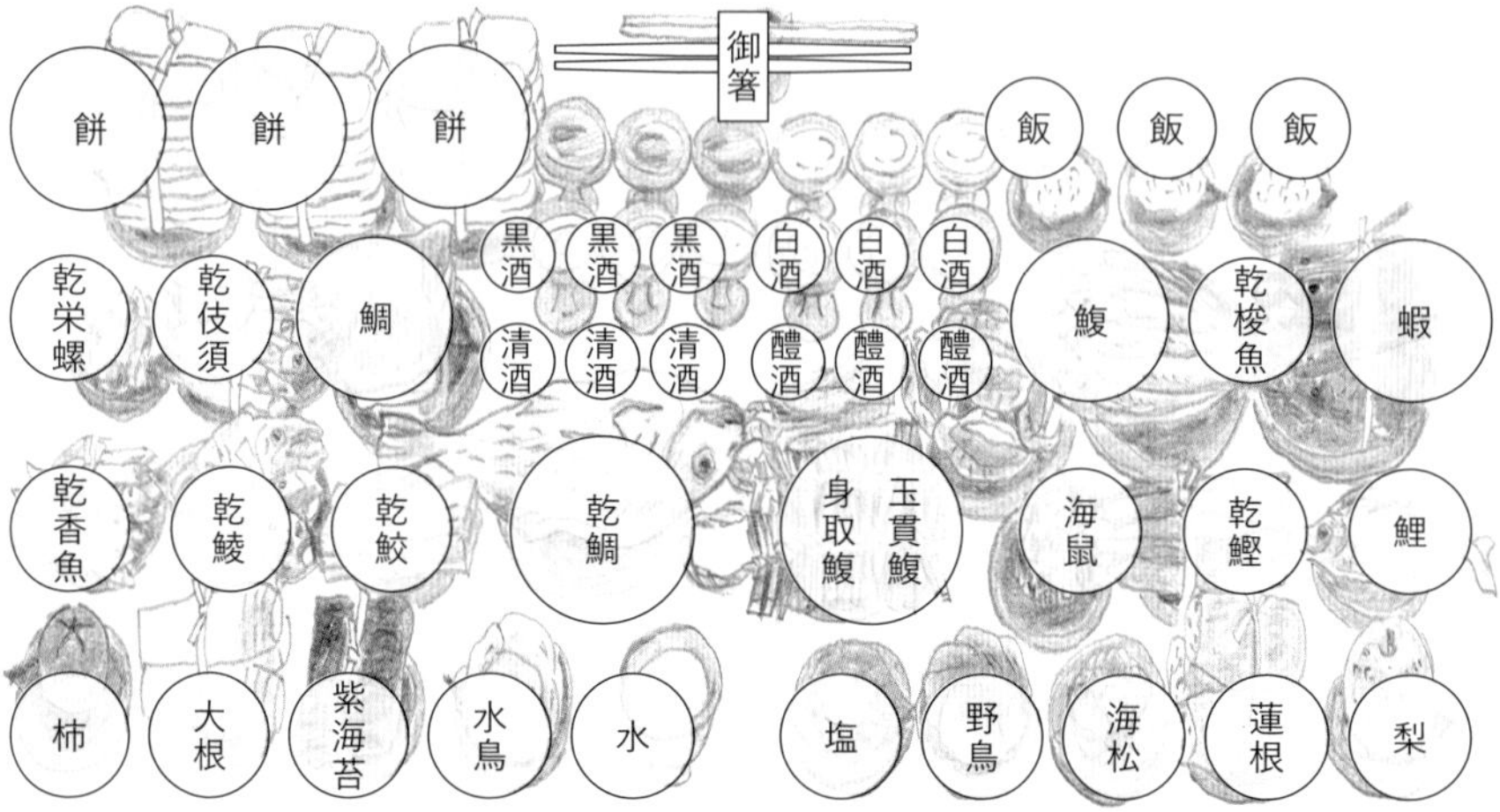

日別朝夕大御饌祭の神饌

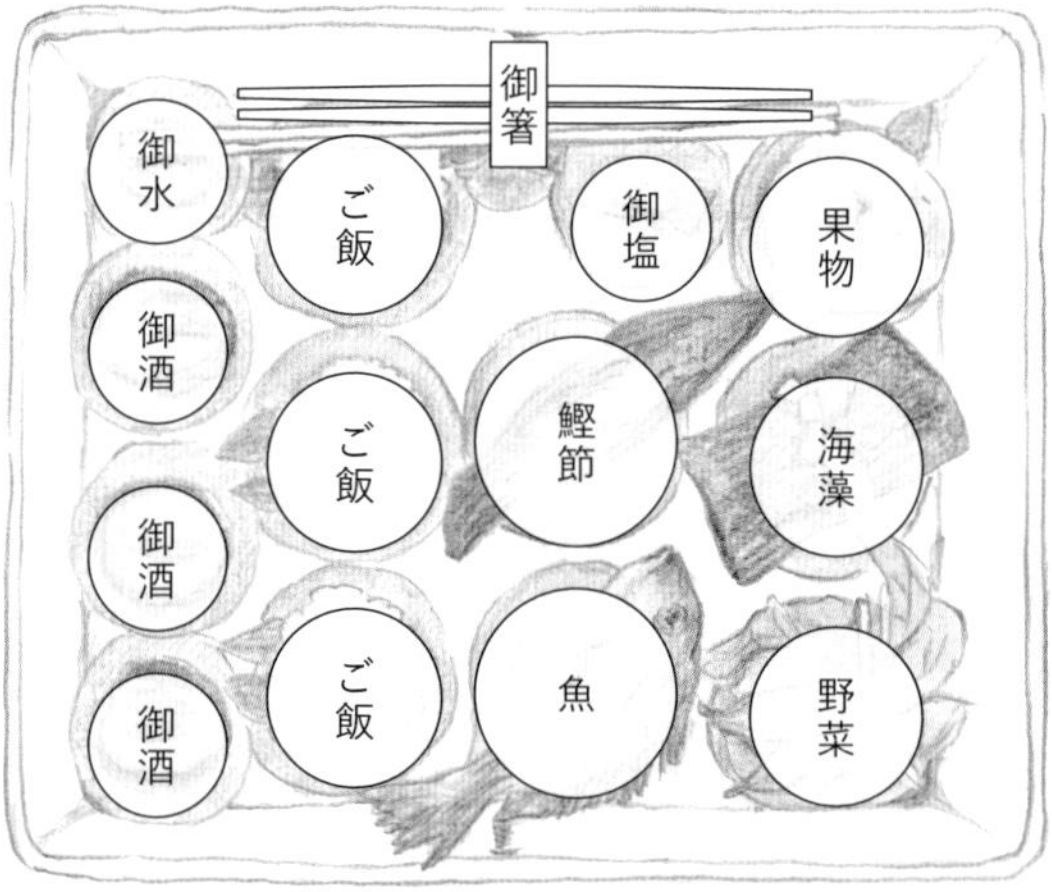

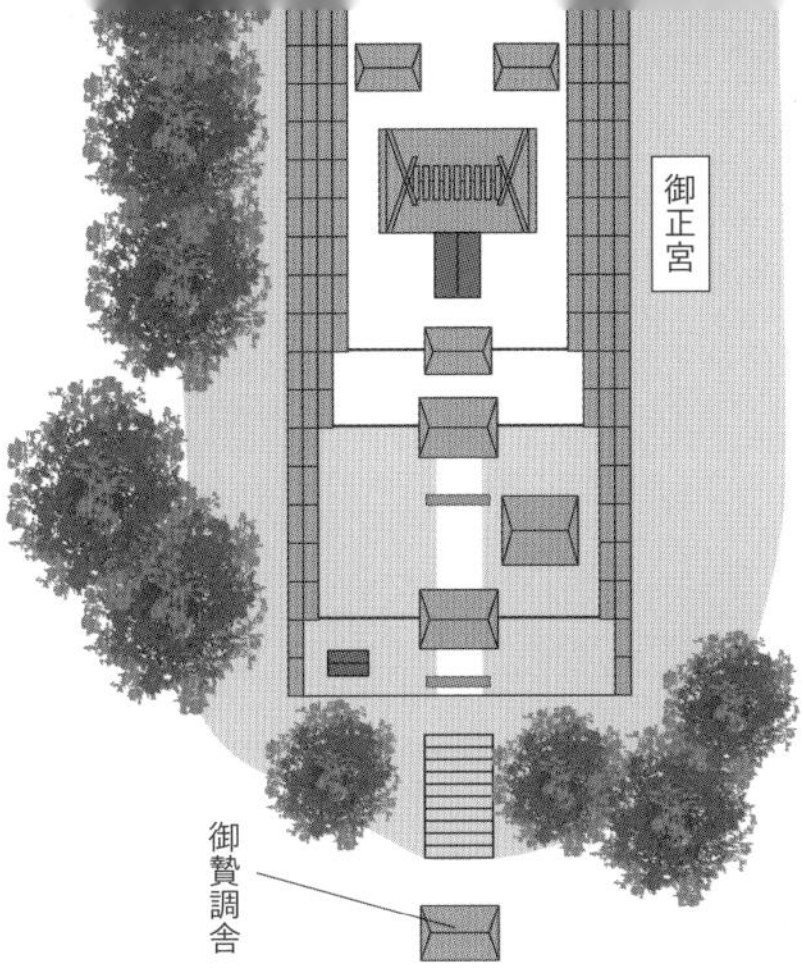

御贄調舎

由貴とは斎《い》み清めた、大御饌とは立派なお食事の意であり、海川山野の約三〇種の品々と四種のお酒がお供えされるご馳走です。ひとつひとつのお供えものについては割愛しますが、鮑に注目してみると、生の鮑と干乾《ひぼ》された鮑の二種類が用意されています。

鮑が神饌の代表と言われる所以には、鮑の調理方法も関係があります。由貴大御饌では、神様にお供えする前に内宮の御贄調舎《みにえちょうしゃ》にて生鮑を調理する儀式が行われます。清められた忌箸《いみばし》と忌刀《いみがたな》で鮑を三度切り塩を振りかけます。平安時代（八〇四年）の『皇太神宮儀式帳』にも記されているこの儀式は、鮑を調理することで御贄全体を調理したことになると言うのです。約三〇種類もの食材を代表するのが鮑なのです。神饌の受渡しには深く敬意を表すお辞儀をし、目より上に捧げ持つほど大切に扱われます。その神饌の象徴である鮑が、どれほど神様に捧げるお供えものとして大切であるかをうかがうことができます。

一方、干乾された熨斗鮑は、薄く伸されて身幅や部位により一定の大きさに切り分けられた鮑が藁紐で束ねられています。身取鰒《みとりあわび》、玉貫鰒《たまぬきあわび》と呼ばれる熨斗鮑。この熨斗鮑こそが、熨斗袋などで目にする、小さな熨斗の中にある黄色く細長い物体の原型なのです。

お供えされる熨斗鮑は、毎年六～八月にかけて、伊勢志摩半島の最東端に位置する国崎の「御料鰒調製所《ごりょうあわびちょうせいしょ》」で、地元の大老会の方々によって作られています。

貝からはずした生鮑を熨斗刀と呼ばれる半月状の専用包丁を使って、まるでリンゴの皮を剝くように、渦巻き状に一定の厚みで途中切れることのないよう桂剝きをしていきます。身を剝いた帯状の鮑の長さは三～四メートルにもなるようです。この長い帯状のまま干場に並べ生乾きで伸していきます。寸法ごとにそれぞれに束ねて作られた、大身取鰒、小身取鰒、玉貫鰒は神嘗祭(十月)、月次祭《つきなみさい》(六月・十二月)に生鮑と共にお供えされています。

内宮、外宮の他に、別宮、摂社、末社、所管社の一二五社から成る集合体である神宮。三種類の熨斗鮑は、社格によって振り分けられてお供えされます。

熨斗刀・熨斗鎌と呼ばれる

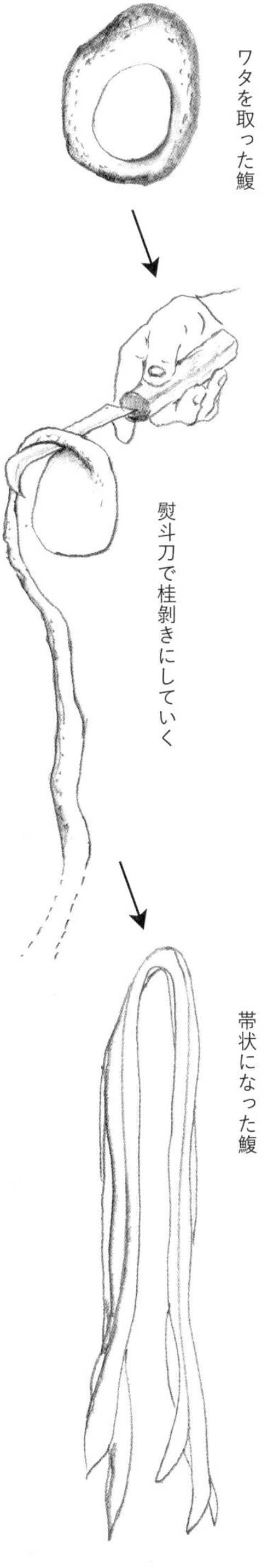

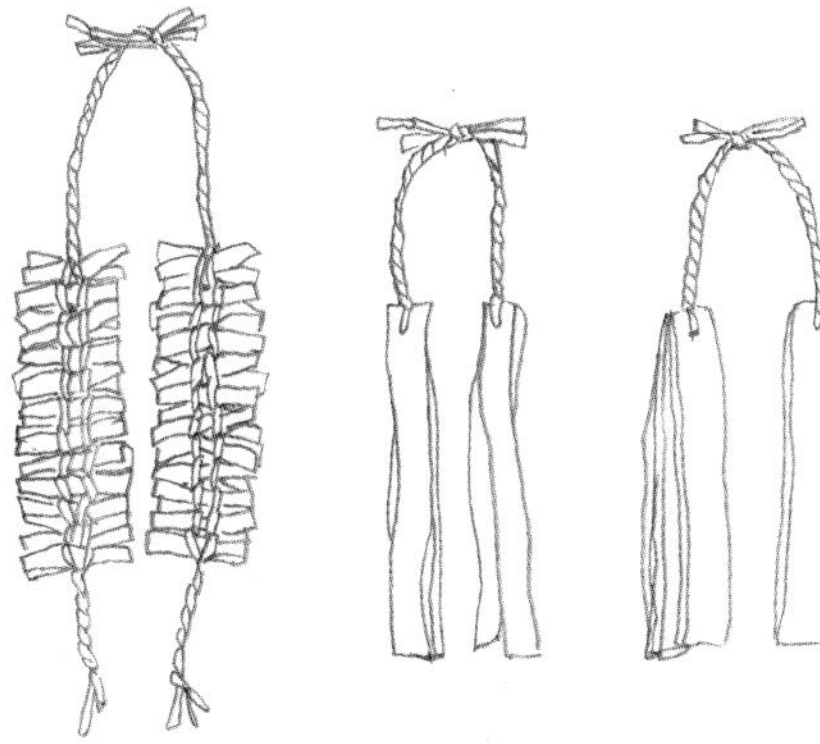

大身取鰒――剥いた鮑の幅広い部分　片方10枚ずつ

小身取鰒――剥いた鮑の少し細い部分　片側2枚・片側3枚

玉貫鰒――剥いた鮑の縁の細い部分　片方24枚ずつ

国崎の熨斗鮑作りは二〇〇〇年もの歴史があると言われ、今も尚この地で採れた鮑で調えられた熨斗鮑が神宮に納められているのですから、その悠久さに畏敬の念を抱くほかありません。

熨斗がやってきた道

それでは、熨斗がどのように始まり、そして変化していったのか、現在に至るまでの変遷を探ってみましょう。

先にも述べましたが、約二〇〇〇年以上前の古代から、鮑は大変貴重で高価な食べ物であり、神様にお供えする神饌の代表となる食材でした。保存食にもなる熨斗鮑は、『万葉集』にも贈りものとして出てきます。現在のように様々な品物が贈答品になる前、贈りものと言えば食べ物でした。そしてその多くは神様や祖霊へのお供えものを分かち合うことだったようです。神饌の代表ともなる熨斗鮑は

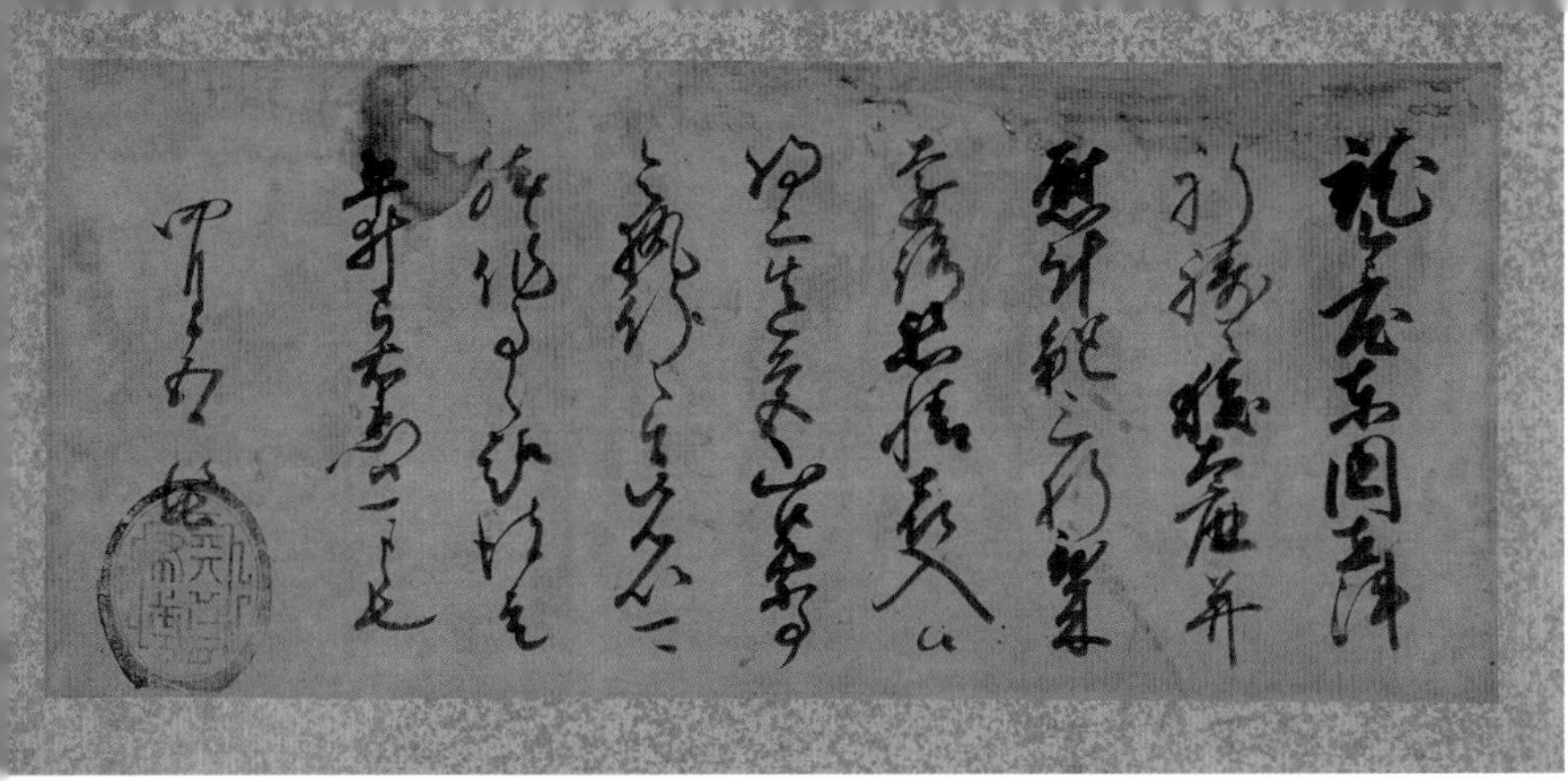

織田信長 黒印状（神宮徴古館）

古来最高級の贈答品であったのです。

中世になると、長く伸《の》された形は「長鮑《ながあわび》・長熨斗《ながのし》」と呼ばれ、上流武士の慶事用贈答品としても珍重されました。武士の出陣や帰陣に敵をのし、打ちのばすという語呂合わせはいかにも縁起が良く、武運長久を願い熨斗鮑は陣中見舞いの食料としても用いられました。

戦国時代の戦勝祈願をした礼状などにも熨斗鮑を贈ったとされる記録は多く、この時代の熨斗は飾りではなく、スタミナをつける保存食だったのです。乾燥させた鮑を水につけて戻し、柔らかくして煮て食べると精がつき命を長くするとされていました。実際に生の鮑よりも乾物した鮑の方がエネルギー数値が高いことが分かっています。

また、伊勢の御師《おんし》と呼ばれる神職が、武士や地主、やがて各地の有力者や一般庶民とまで師檀関係を結び、神札や暦、伊勢土産などを全国各地に

鮑のエネルギー数値
「生」一〇〇グラムあたり七十三キロカロリー、「干物」一〇〇グラムあたり二七三キロカロリーとも言われる。

左の人物は熨斗鮑を添えてお札を配っている。『水馴棹 三巻』不角編（国立国会図書館）

配り歩いて信仰を浸透させていきました。その中に伊勢の贈答品として熨斗鮑を持参するようになり、受け取った側は神様が寄りついた熨斗鮑をいただくことで恩恵を受けられるとされ需要が急増したようです。

当時の熨斗鮑を見てみると、お祓いのときに用いる大幣《おおぬさ》に似ていて、現在の熨斗よりも随分と大きな形をしています。

江戸時代には、それまでのような立派で大きな熨斗鮑を使用するのは、婚礼や正月、貴人へお目にかかる特別なときに限られました。それは神様をもてなし、共におめでたい席を喜び祝うものであったようです。次第に熨斗鮑が贈答品の主役から、進物に添えられるものとなっていきます。

『包結記』には、

大幣

のしあはびを包む事
当世はおよそ進物には必魚鳥の類をそへて
進ずる事　祝ふ儀也　魚鳥をそへざれば
干肴　あるひはのしあはび　百本千本そふるもの也
略儀の時は　のしあはび二三本切て　紙に包でそふるなり

『伊勢貞丈「包結記」』荒木真喜雄

進物には魚鳥の類、すなわちナマグサを添えて贈ることが祝いの心を表すとされ、ナマグサを添えない場合は、干肴か熨斗鮑をしっかりと添える。略儀の際は、熨斗鮑を二〜三本切って紙に包んで添える、とあるように、熨斗鮑がナマグサの代わりとして用いられていました。また、こうも記されてあります。

いにしへのしあはびと云
是を今はのしとばかり云

この時代に呼び名が「のし」と略されたことが分かります。『貞丈雑記』には、昔は進物に熨斗鮑を添えることはなかったので「のし包み」もなく、後世の習わしである、と記されており、江戸時代中期には熨斗の使われ方が変化してきたことがうかがえます。

このように熨斗は食品としての贈答品から、ナマグサの代わりとして進物と一緒に添える祝儀の印、神聖な贈りものとしてのシンボルとされていったのです。

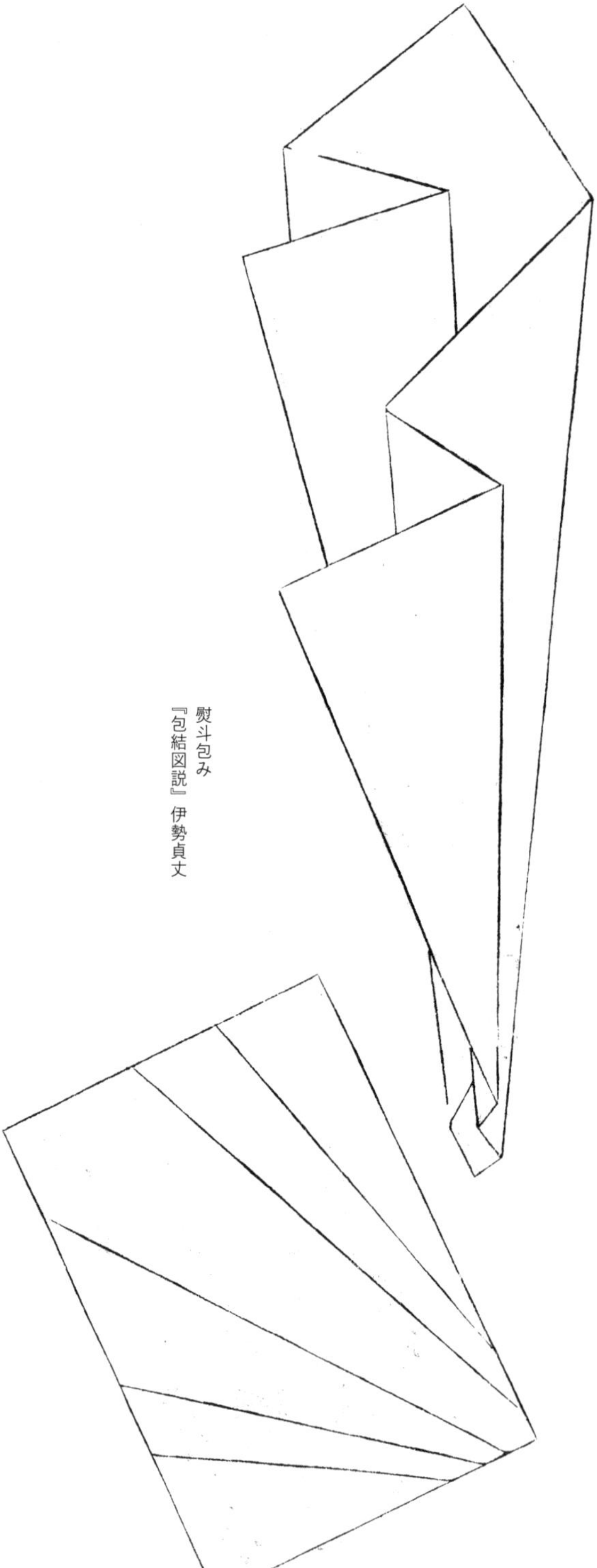

熨斗包み
『包結図説』伊勢貞丈

贈りものの主役

明治時代になると、紙で折られた貼り付けるタイプの「折熨斗」が多くなります。木版の彫りと刷りの技術を用いて鮮やかで趣向を凝らしたものが盛んに作られました。一枚の紙に大小たくさんの華やかな熨斗が刷られた「切熨斗《きりのし》」は、贈り物のサイズに合う熨斗の図柄を切り抜いて貼るもので、当時の人々が楽しんで生活の中に熨斗を取り入れていた様子がかいま見えます。一方でだんだんと本物の熨斗鮑が使用されることが少なくなり、黄色の紙などで代用されるようになっていきました。一説には、熨斗が一般に広まったことで高価な鮑を使用することが難しくなったとも言われています。

その後、印刷技術の発達により紙に直接印刷するデザイン性の高い熨斗も増えていきました。印刷技術の発展は、当時の人にとっては最先端のものとされ、印刷されたものの方が新しくてカッコいいとの考え方もあったようです。

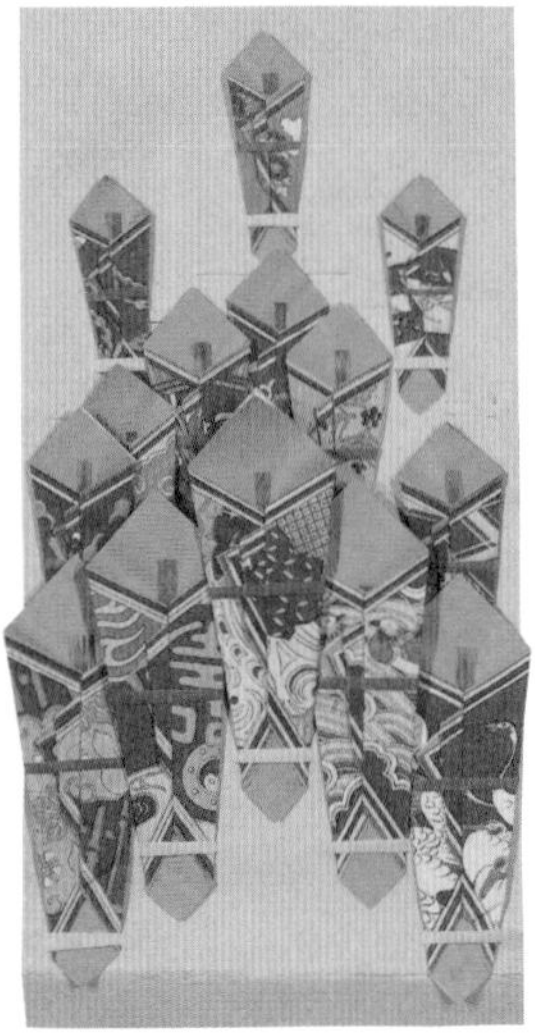

折熨斗（榛原聚玉文庫所蔵）

切熨斗（榛原聚玉文庫所蔵）

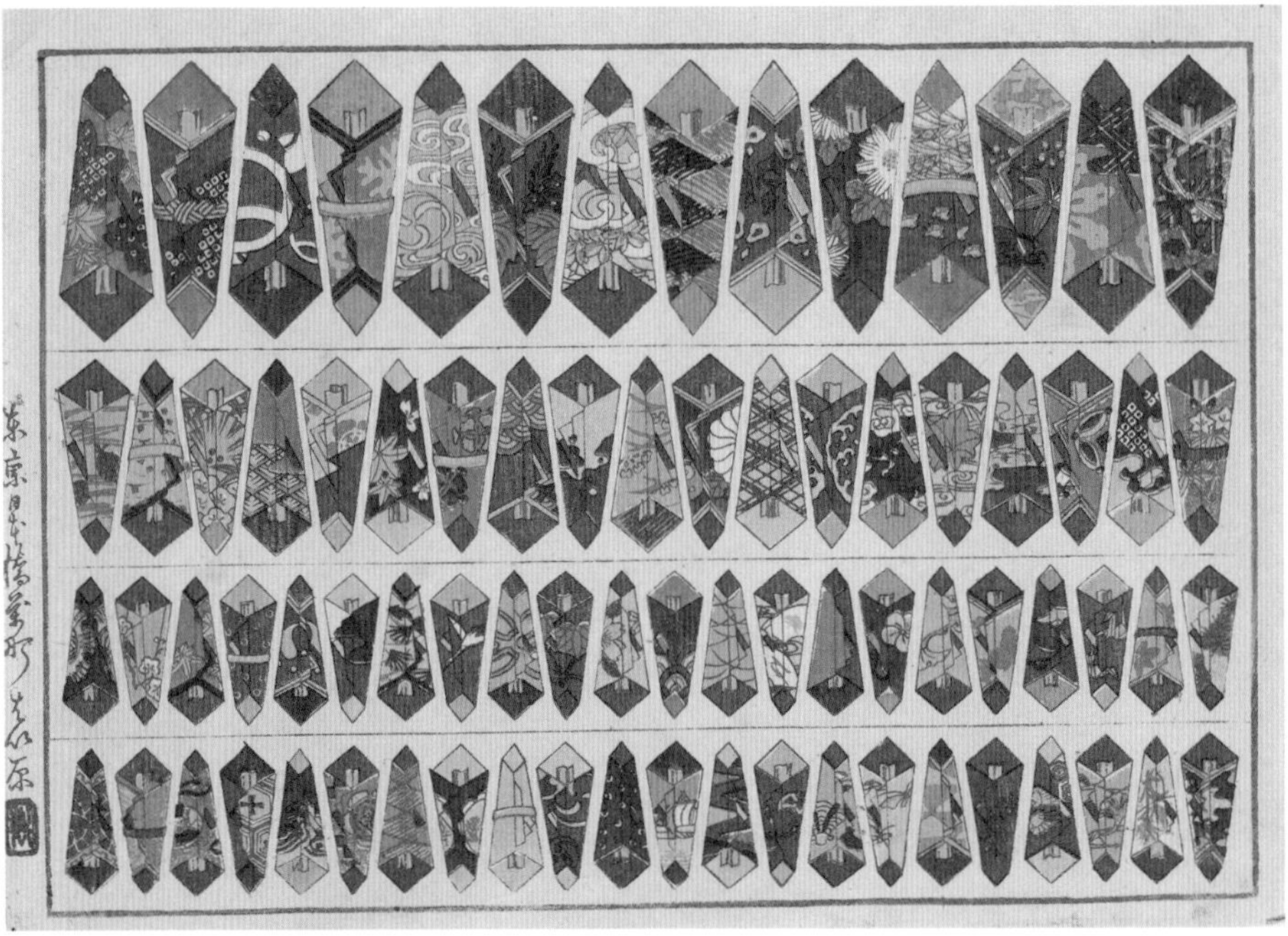

ビニール熨斗

現在では、金封や熨斗紙の右上に脇役のようにさり気なく付けられる存在になっていますが、本来は贈りものとしての主役だったのです。

貴いものであった熨斗鮑の名残を今でも端々に見ることができます。昔は茣蓙《ござ》やむしろの上で鮑を伸したので、熨斗鮑には「熨斗目《のしめ》」と呼ばれるゴザ模様の跡が残りました。現在も結納品などで使用される塩化ビニール製の代用品にも、しっかりと刻まれた熨斗目を見て取ることができます。また一説には、通貨であった大判小判の表面にも横に走る模様が刻まれてありますが、これも熨斗目、すなわちゴザ目の跡だとも言われています。「のし」と一筆で書かれたものは鮑を剥いた帯状の形に由来するなど、現在でも熨斗鮑の面影を感じることができます。

小判（出典：ColBase）

時代を遡って熨斗のあゆみを見てきましたが、もともと鮑は常世の波が運んできた不老不死のシンボルで、神様へ捧げる神聖なお供えもの。お供えもの、それこそが真心のこもった清らかなる「神様への贈りもの」であったのです。

時代とともに、贈答様式が様々に変化しそれに伴って熨斗のあり方も変わってきましたが、いつの時代も相手を想いその心を形として表してきました。これからも少しずつ変化を続けながら、しかし、本来の意味を絶やさずに継承していくことが必要だと思います。

忌と斎

「忌」と「斎」。皆さんはこの2つの漢字にどのような印象を持ちますか?

忌引、忌中、忌日など、「忌」は死を悼み、喪に服すイメージではないでしょうか。一方「斎」は「ゆ」「さい」「いつく」とも読み、神聖であることや、身を清め整えるという意味を持ちます。神職がお祭りをするときに身につける装束を「斎服(さいふく)」と言い、「斎王(さいおう)」とは天照大御神にお仕えする未婚の皇族女性のことです。一見、この「忌」と「斎」は凶と吉の関係のようにも見えますが、もともとは同じ意味で使われたと言うのです。

「斎戒(さいかい)」とは、祭祀が執り行われる前後の一定期間、奉仕する者が身体を神聖な状態に保つために、様々な戒めを守ることです。『神道祭祀の伝統と祭式』(戎光祥出版)によると、斎戒は一般的に「さいかい」と読まれるが、もともとの和語は「ものいみ」であった。「もの」とは「精霊」や「神」、「いみ」にも「神聖な」という意味があり、神事に際して「イミ」は「忌身」、すなわち神聖な身体にするという解釈がなされるということなのです。確かに、伊勢神宮の外宮、内宮にある神饌を整える「神様の台所」と呼ばれる建物の名称は「忌火屋殿(いみびやでん)」です。忌火とは神聖な火という意味です。

いつから「忌」と「斎」の意味が区別されるようになったのかは定かではありませんが、古代、祭器を造り神事に仕える家の姓氏に「忌部(いんべ)さん」がいました。奈良時代に古代仏教が入ってきてから忌ではなく斎を用いるようになり、「忌部さん」から「斎部(いんべ)さん」に改名したと言うのです。仏教の思想が関係して名前にも変化が現れたのではないか、と考えられています。

第八章

結び《むすび》

原始の結び

狩猟採集や漁労をして暮らしていた原始時代には、「巻き付ける」ことから「結び」が生まれ、そこから「作業結び」が誕生しました。作業結びとは生活上の必要から自然に考案された結びで、その中に水引と関連する結びがあったことが次の資料から分かります。

縄文早期末には「左右対称より合わせ」や「片結び」が現れている。さらに縄文前期にいたると「ひとえ結び」や「真結び」が現れている。

『ものと人間の文化史6　結び』額田巖

蝶結びが付いている埴輪
（出典：Col Base）

また、古墳時代の埴輪には服装に蝶結びの文様があることから、古墳時代には水引の基本結びの原形となるものがすでに存在していたのです。素材は植物のツルや麻などを用いたまだ素朴な結びでしたが、太古の昔から生活に密着した馴染み深い結びであったことが分かります。

さらに、結び目には新たな力が宿るとされています。「結び」の語源は「ムスヒ（産霊）」で、産霊とはタマシイが産まれるという意味です。「産《むす》」とは「こけむす（産す）」とも言うように、生命力によってむくむくと繁殖し生えることで、「霊《ひ》」とは神秘的な霊力のことを表わしています。陰と陽、相反するものが和合し結ばれると新たな命が生まれ育つ。「陽」である男と、「陰」である女が結ばれることで、新たな力として生まれるのが子供です。

「産霊彦＝むすこ」

「産霊姫＝むすめ」

わたしたち人間の創造活動においても「結び」の神秘が働いていることが分かります。

「タマシイ」といっても、「魂《たましい》」はSoulのことで、肉体に対する精神を意味します。一方、「霊《たましい》」はSpiritのことで、精霊のように、万物に宿っています。人間だけが備えるものではありません。木々や植物など自然界すべてに宿るものです。万物のひとつである人間においては、心や命のことを意味します。

古代日本人は、自然を神として山や川、草や木など、精霊の宿る八百万の神々に祈りを捧げてきました。古代日本人の自然観と結びの関係は深く繋がっていると言えます。

日本人の根幹となる考え方のひとつには、和合、調和、融合という神話での結びの考え方があり、『古事記』『日本書紀』どちらにも、天地創造の最初に産霊の神である三柱《みはしら》が誕生します。

天之御中主神（アメノミナカヌシノカミ）

高御産巣日神（タカミムスビノカミ）

神産巣日神（カミムスビノカミ）

三柱（みはしら）
『日本書紀』では、天御中主尊（あめのみなかぬしのみこと）、高皇産霊尊（たかみむすひのみこと）、神皇産霊尊（かみむすひのみこと）と記されている。

この産霊の神々は「造化三神《ぞうかさんしん》」と言われています。この造化三神から次々とたくさんの神が誕生して日本の国が作られていくことになるのです。一説には、高御産巣日神は、高天原で天照大御神に助言を行うなど言わば「働きかける」立場の神であり、神産巣日神は地上にて大国主神《おおくにぬしのかみ》の手助けなどを行う「働きかけられる」側の神、その総括的な仕事を担っていたのが天之御中主神であるとも言われています。「働きかけること」と「働きかけられること」はどちらか一方だけでは何も生じませんが、両者が交わることで新しく物事が生まれます。様々な要素を受け入れながら、すでに在るものと融合し、新しい力を生み出していく考え方は神代以降の日本文化を形成する上で大きな軸となっていきます。その根本となる出来事こそが天地開闢《てんちかいびゃく》での産霊の神々の誕生、「結び」にあると言えるでしょう。

巫《ふ》と覡《げき》

原始的な作業結びから水引結びに発展するまでに、占いや呪術用の結び、装飾や儀礼用の結びと段階を経ていきます。占いや呪術とはいったいどのようなものでしょうか。『隋書』での倭人の様子にこうあります。

卜筮《ぼくぜい》を知り、尤《もっと》も巫覡《ふげき》を信ず

『遣隋使がみた風景―東アジアからの新視点―』氣賀澤保規編

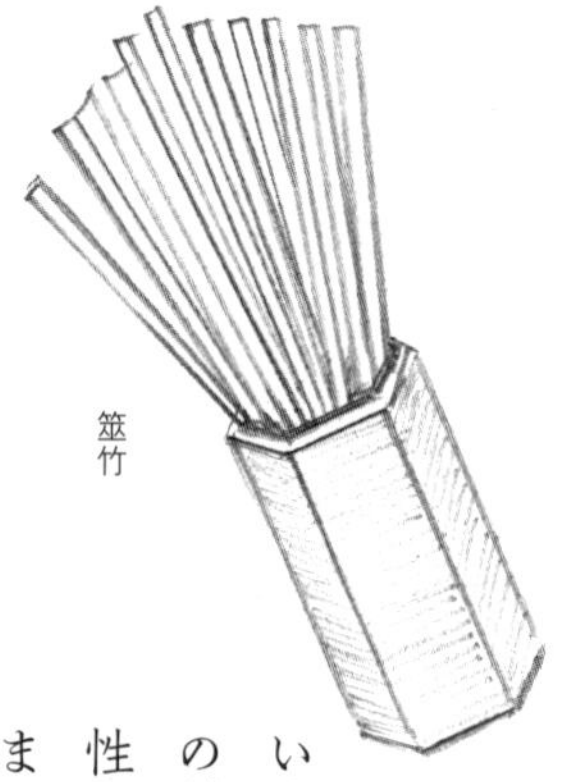

筮竹

筮竹《ぜいちく》という占いの道具を用いて呪術を行っていた、あるいは隋人によってそのような占いに見えた行為が七世紀初頭の倭国で見られたとあります。呪術を行う女性を「巫《ふ》」、男性を「覡《げき》」と指すことから男女問わず占いを行う者が人の集まるところで活動しており、ことさらに隋人が感じたのは日本では巫覡が皆に信用されていたことでした。それは隋とは異なる様子であることを意味します。それだけ日本では古くから占いや呪術が民間に浸透し、人々はそれに頼って生きていたことが推測できます。もっとも呪術に関しては、福岡県に位置する宗像《むなかた》大社の沖ノ島祭祀遺跡(世界文化遺産)でも、四世紀後半から国家祭祀が行われていたと考えられることから、隋人の記録以前より倭国では呪術的なことが行われていたと想像できます。

結びの呪術

術とは手段、方法のことです。ある行為によって、その結果を期待すること、それが呪術です。

現在にも残る呪術の儀式があります。そのひとつが「鎮魂《ちんこん》の儀」です。この儀式は、新嘗祭《にいなめさい》と大嘗祭《だいじょうさい》の前日に宮中で行われるもので、祭が滞りなく執り行われるよう、天皇及び皇后・皇太子・皇太子妃の御霊《みたま》を身体の中に鎮める祈禱のことです。

のろいとまじない

「呪い」と書いて「まじない」とも「のろい」とも読みます。「まじない」とは、神仏その他、神秘的なものの威力を借りて災いを取り除き防ぐこと。「のろい」とは、恨みのある人などに悪いことが訪れるよう祈ること。

その儀式の中で、象徴的な行いとして天皇陛下の御衣《ぎょい》に付いている糸を結びます。この糸を結ぶ行為を「魂結《たまむす》び」と言います。そして、御衣を振ります。「振る」という行為は活性化を意味し、それは命を奮い立たせることです。魂を奮い立たせ、御衣の糸を結び込めることによって、付着させます。それがすなわち鎮めるということになります。ただ祈るだけでなく、「結ぶ」「振る」これらの動作をも行うことが呪術なのです。

鎮魂の儀は、精霊の「霊《たましい》」と肉体の「魂《たましい》」の働きが重なり、精神的な「産霊《むすひ》」と、行為としての「結び」が重なり合う究極の結びの呪術だと言えるでしょう。

現代のように科学が発展していなかった時代には、全ての天変地異が神の怒りであると畏《おそ》れられました。大いなるものに頼りたくなる気持ちは、科学技術が進んだ今でも、自然災害などが起きると人間の無力さを思い知らされることに変わりありません。結び目に宿る神秘的な力は人々にとって大きな心の拠り所でした。

花結び

菊結び

梅結び

かたばみ結び

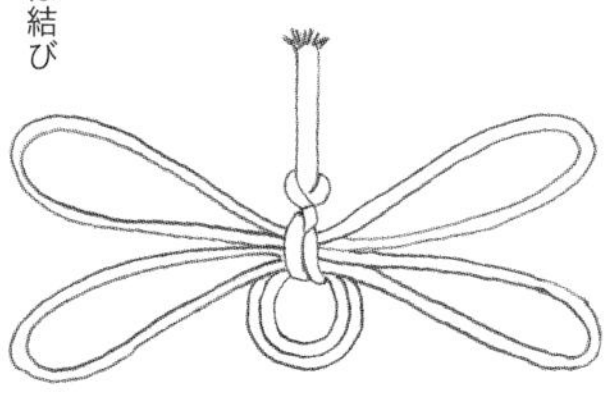

とんぼ結び

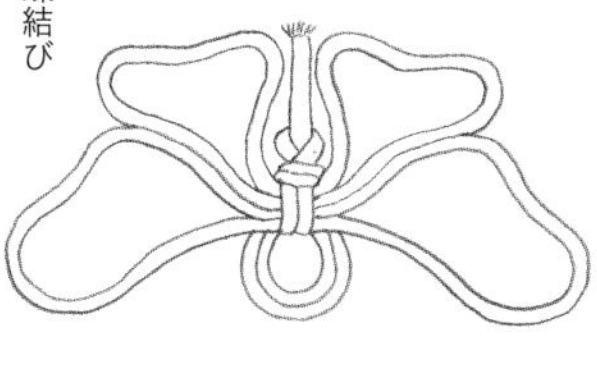

蝶結び

占いや呪術の結びを経て、装飾の結びへと進化していきます。その背景には律令制が始まり、唐より国家組織の仕組みから衣食住まで、あらゆる先進的な文化が遣唐使の派遣によって日本へもたらされたことがあります。絹・綿・紙製の品質の優れた素材が輸入されたことで、服飾や調度品などに用いられる装飾性の高い結びが増加していきました。

唐においてはすでにファッションとして、紐で結んだ「飾り結び」を腰から下げるなど、高位の女性たちはおしゃれとして楽しんでいたようです。最先端のファッションを取り入れたい気持ちはいつの時代も同じ。身に着ける装飾の結びは「花結び」として日本の高貴な女性の間でも流行しました。「花結び」は「ひも結び」とも呼ばれ、自然の風物にちなんで結ばれた一本の紐が造形となり、そこに草花の持つ生命力を封じ込めた装飾の結びです。その結びを身に着ける

飾り結びを腰から下げる女性　『高松塚古墳 西壁女子群像』（明日香村教育委員会）

ことは美しさの表現でもあり、また魔除けを意味するものでもありました。平安頃には和歌や習字や音楽などと並び高位の女性の身だしなみとされていたようです。

唐の影響を受けて装飾性の高い結びを取り入れるようになると、占いや呪術として、いにしえから伝わる結びの神秘性は徐々に稀薄になっていきます。

結びの「目」と「体」と「手」

「花結び」と「水引結び」はどう違うのか？

結びは「目」と「体」と「手」の三つの構成要素から成り立ちます。花結びは「目」が発達したもので、水引結びは結び目から伸びる「手」が発達したものです。「体」は、紐を輪の形に結んだ「わさ」になっている部分です。

中国における「中国結び」はまさに「目」の連続から見事な形が作られており、花結びのルーツであることが分かります。「目」と「手」の違いは、柔らかい紐か、張りのある紙製

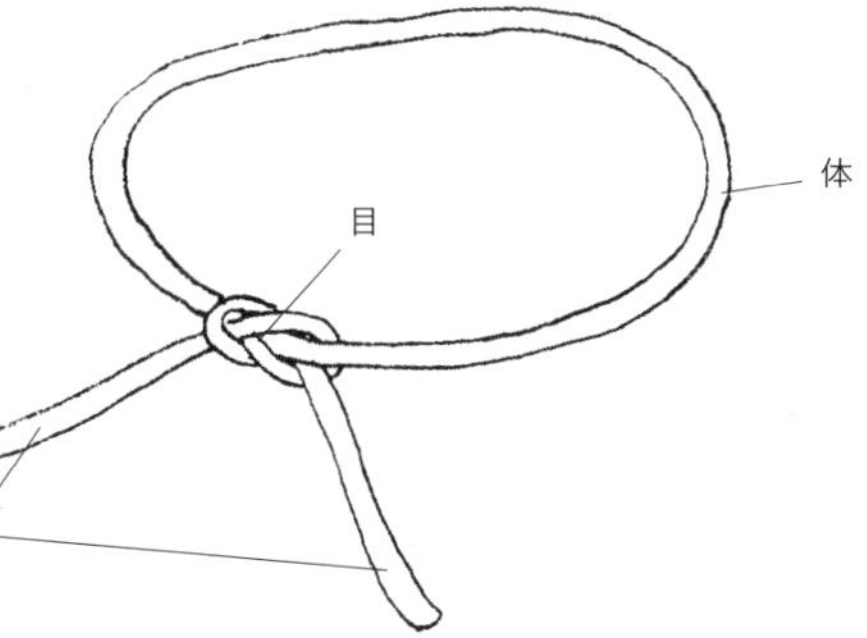

結びの構成要素

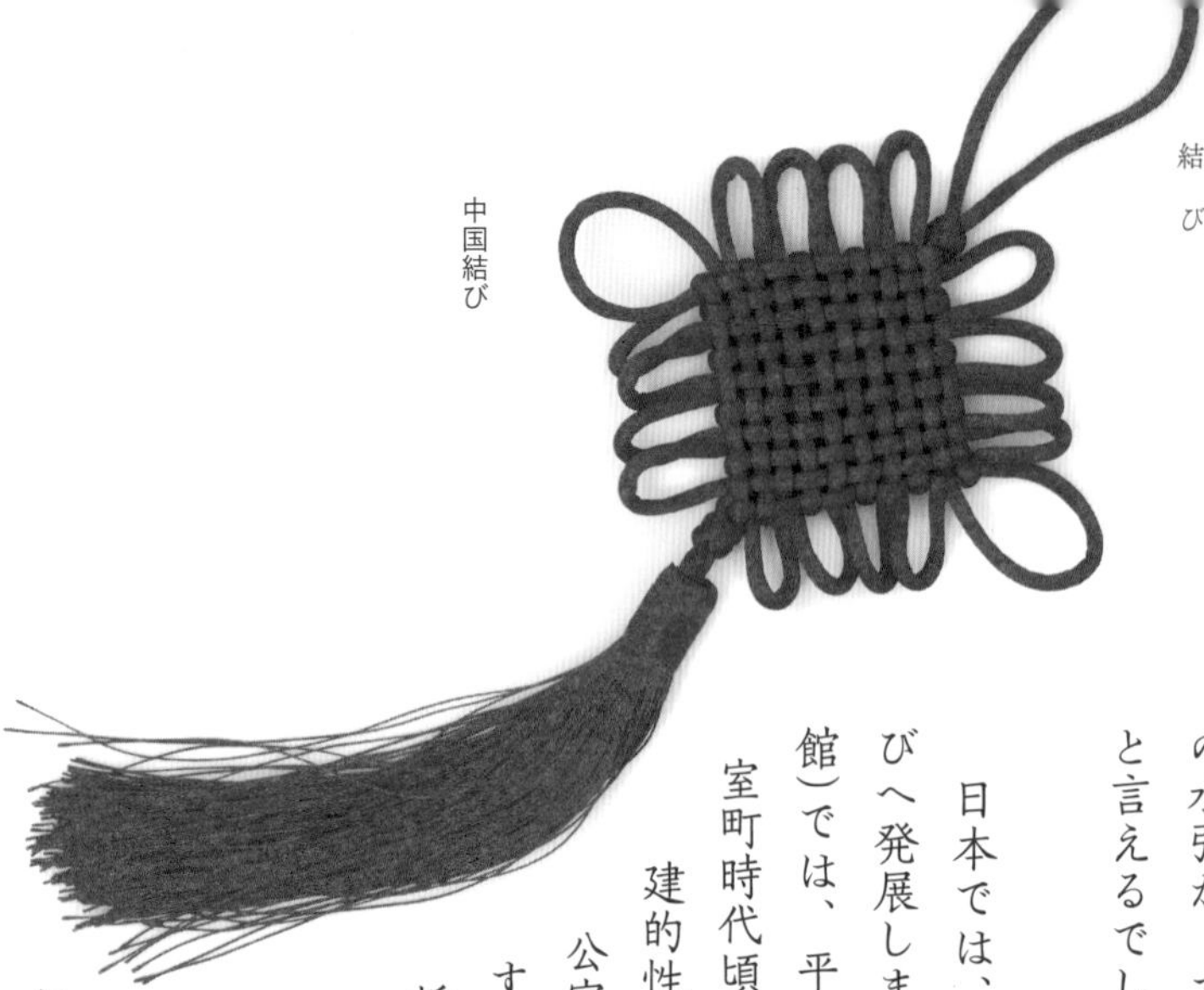

中国結び

の水引か、すなわち結びに適した素材が違うことも大きいと言えるでしょう。

日本では、装飾用と儀礼用の結びが合成されて水引結びへ発展します。『図説日本の結び』(藤原覚一著/築地書館)では、平安の頃は女子の身だしなみだった花結びが、室町時代頃から有職故実の一部になり、各々の流派で封建的性格を帯びるようになったとあります。つまり公家の結びから武家の結びになっていったのです。室町期に確立した武家礼法のひとつである折形の中で、水引は儀礼の場で進物を結ぶ役割となりました。

戦国時代、人々は死と隣り合わせでした。戦場での陣幕の張り方やその手順、入口の方角などが厳密に決められ、間違えると戦いに負けると考えられていました。だからこそ作法には厳格だったのです。

その根底には呪術性を秘めながら、陰陽五行思想、さら

『図説　日本の結び』
藤原覚一による「結び」についての歴史的名著。黒田清輝に師事した洋画家でもある著者が、日本における呪術的、実用的、装飾的な「結び」を収集し図説した。結びの技法解説にとどまらず、人間社会における結びの思想や学術にまで論考を広げた大著である。築地書館刊。

に仏教や道教や易学などの影響を受けて複雑に融合しながら水引結びは発展したと考えられます。

手のコミュニケーション

贈る内容によって包み方が定められた折形とともに、水引も色や結びの違いによって、贈る相手や吉凶が判断されました。こうして、「手」が発達した水引は、ひと目でその贈りものの内容がわかる「伝達性」を含むものになっていきました。

江戸中期頃になると、町人の力が強くなりそれまでは将軍家のものであった礼法が豪商たちの間でも格式として求められるようになると、礼法家たちによって、花結びに倣った華麗で技巧性の高い複雑な水引結びの種類が考案されていきます。折形や水引の結びも様々にアレンジした豪華なものが町人階級を中心に広まっていきました。

大正時代には結納品で見るような梅や松などの吉祥文様が立体的に作られるようになり、豪華さが増していきました。水引結びの形に伝達性を持たせた「手」はさらに進化して、長寿を意味する鶴、亀、海老のように、相手の幸せを願う「縁起」を結びの形として表現するようになっていったのです。

人々が結びに求めるものは、神秘的な力が宿る心の拠り所から、装飾としての美しさや華やかさへと長い時間をかけて変化してきました。それでも祈りや願いを結び目に込めてきたことは、今日の社会の様々な場面に脈々と受け継がれています。

結びの名称

結びは世界に存在しますが、名称の由来には大きな違いが見られます。

ヨーロッパで発展した結びは「ひとえ結び」「すごき結び」「8の字結び」「錨(いかり)結び」「鎖(くさり)結び」などと呼ばれています。『ものと人間の文化史6　結び』によると、海を制するために必要とした艤装(しぎそう)を主にした実用的で形象的な名前が多く付けられたと言われています。

一方、日本では、「男結び」「女結び」などの男女陰陽にちなんだもの、「松結び」「梅結び」「竹結び」「菊結び」のように草木にちなんだもの、「あわび結び」「にな結び」「とんぼ結び」「蝶結び」のように魚介・鳥虫にちなんだものなど、自然の風物に由来した名前が多いのです。

海と山に恵まれた四季の移ろいがもたらす日本ならではの情緒豊かな名称と言えるでしょう。

自然の中に美を見出し、自然の生命力を取り込みながら一体となって共存してきた日本人の姿が結びの名称からもうかがい知ることができます。

結びと文字

長い歴史の中で日本に限らず、結びは言葉の代わりとして、また記憶や記録の手段、計算や数量などを表すものとして様々に重要な役割を果たしてきました。日本においては『古事記』や『日本書紀』が書かれる奈良時代頃まで、日本人は自分たちが発する日本語(倭語)を記す方法を持っていませんでした(ほぼ完全に漢文で記された『日本書紀』に対し、『古事記』は日本語の発する言葉の音を漢字に当てた「万葉仮名」で記されています)。隋人が見た7世紀初頭の倭国の様子が記された『隋書』には「文字なく、ただ木を刻み縄を結ぶのみ」とあり、このように古代日本人(倭人)は結びを言葉の代わりとして用いていたのです。この時、朝廷で用いられた文字はすべて漢字でした。文書作成業務に従事していたのは倭人よりも文字文明の進んだ朝鮮半島から渡ってきた人々であったと言われます。律令制の導入で文書利用が進み、日本で文字が飛躍的に社会へ広がり始めます。

20世紀初頭まで沖縄で用いられていた結びに「藁算(わらざん)」があります。文字を知らなかった農夫や漁民や婦女子は藁に結び目をつけて計算を行い、数値を記憶していました。結び目ひとつが「1」、輪に結んだ状態を「5」として計算しました。数字の桁は枝の分枝によって区別されます。穀物量を測る、人数の確認、雇用日数、金額などを結び目に記録しました。

文字が普及する以前は、結びは生活をするため、コミュニケーションを図るために必要なツールであったと言えます。

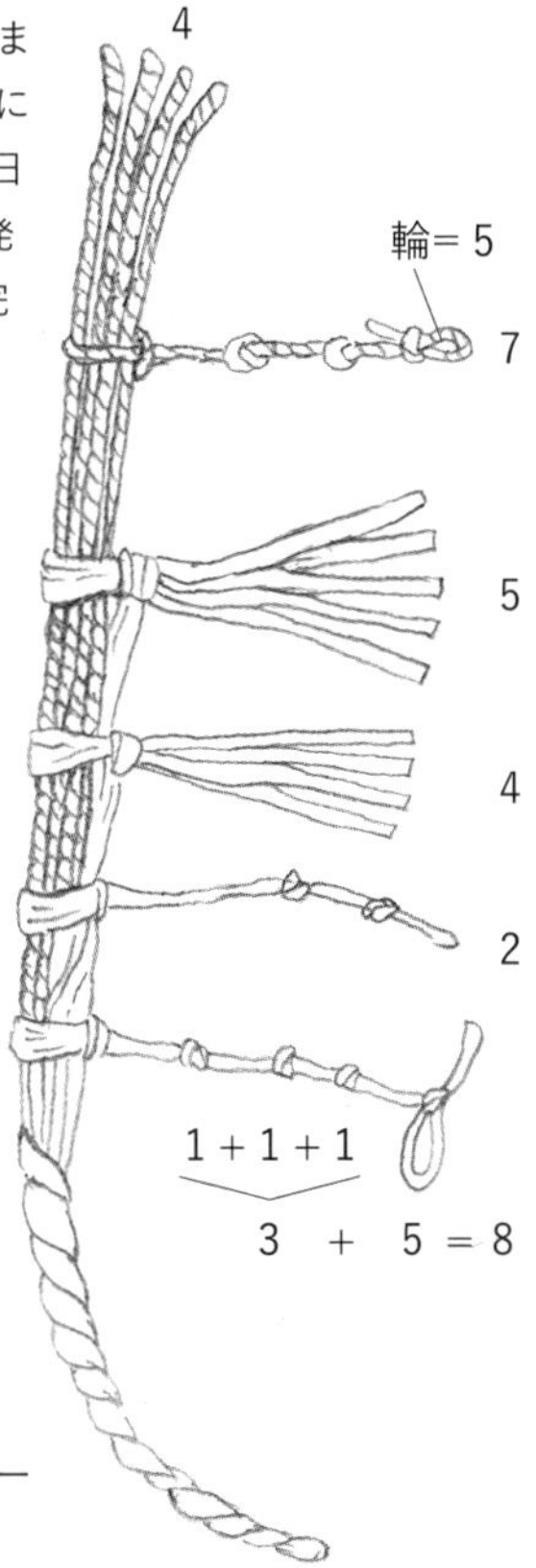

第九章

贈答《ぞうとう》

贈答の始まり

贈答の始まりとは何でしょうか。

ご家庭内で初物やお客様からのいただきものをまずは神棚や仏壇にお供えして、その後にお下がりをいただいた経験はありませんか？

また、神社の祭典後にお下がりのお神酒《みき》やお祝いの膳をいただいたことのある方もいるかもしれません。

実は、宮中でも同じようなことが神事に見られます。秋に収穫を感謝する「新嘗祭《にいなめさい》」です。

「新嘗」の「新」は新穀、「嘗」は味をみる、なめるの意です。毎年十一月二十三日、秋の深まった宮中の神嘉殿《しんかでん》にて、午後六時から夕《よい》の儀、同十一時から暁《あかつき》の儀と、二度繰り返して行われる収穫に感謝して祈る大祭です。

天皇陛下がその年の新穀である神饌(ご飯やお粥、鮮魚、干物、木の実、果物などの神膳)を、陛下お手づから神様の分を取り分けてお供えされます。枚手《ひらで》と呼ばれる柏《かしわ》の葉で作られた丸い器、お箸は竹をピンセットのように折り曲

春に豊作を祈り、秋に収穫を感謝する

新嘗祭が収穫の儀式であるのに対し、農作業を始める前にその年の五穀豊穣を祈る祭りが祈年祭であり重要な祭祀とされている。

大嘗祭(だいじょうさい)

天皇が即位して初めての新嘗祭のこと。

宮中新嘗祭祭具

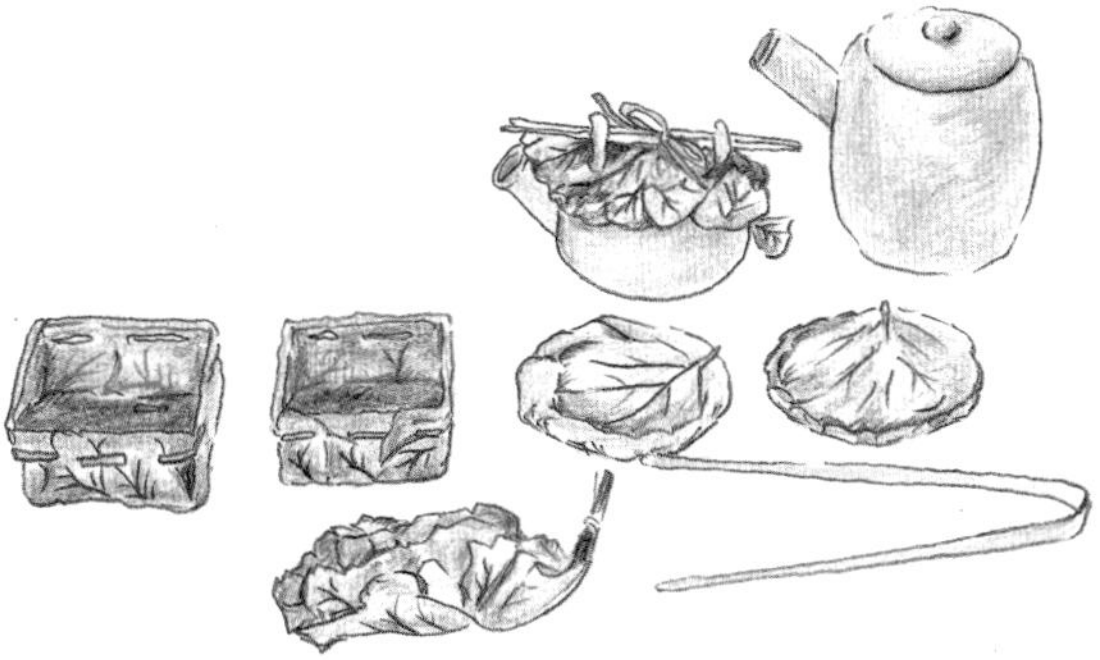

げたもので古来の特殊な祭器具が用いられ、道具を見るだけでもこの儀式の歴史の長さが想像できます。

三十二枚のお皿に三箸ずつ取り分けられ、すべて終えるまで約一時間半を要するとのことで、最後にお酒を降り注いで完了となります。

神様へのお供えが終わると、お供えした同じものの一部であるご飯と白酒《しろき》、黒酒《くろき》を、陛下も神様とご対座されて御自らもお召し上がりになるのです。これを「直会《なおらい》」と言います。神人共食《しんじんきょうしょく》することです。このように神様と同じものを一緒に食して儀式が終了します。

直会の神人共食

この新嘗祭の直会である神人共食に、贈答の原風景が見えてきます。

日本人はお米も野菜も木の実もすべて自然（神様）からのいただきものとして、まずは神仏にお供えしてから、同じものを頂戴し一緒に食べていたのです。感謝の贈りもの

直会（なおらい）
神祭りの後、神にお供えしたお御酒（みき）や神饌を下ろしてそれを頂戴すること。祭儀のために行った斎戒（さいかい）を解きゆるめ、平常通り「元に戻る」の意ともされる。

『斎庭の稲穂』今野可啓（神宮徴古館）

を捧げてもてなす、そして神様と一緒に皆でいただくことで一体化を図り、分配する。これこそが贈答の始まりだと言えるでしょう。

お米を糧としていた日本人が豊穣を祈り、収穫に感謝することは、自然(神様)を敬い、自らもその一部となりながら生きることの現れでした。

神話伝承では、神々がいる天上の高天原《たかまがはら》から天孫降臨する瓊瓊杵尊《ににぎのみこと》に、天照大御神は稲穂を授けてこう言いました。「私が高天原で耕作している稲穂をあなたに与えましょう。国民の糧としなさい。」

お米は生きていく糧である以上の存在で、稲作を軸に日本人の生活と秩序があり、稲作とともに日本人の感性は育まれたのです。

贈答廃止運動

物品を贈り合う贈答文化に対して、明治期より度々「贈答廃止運動」が起きていました。ことの発端は、明治以前より各藩にはそれぞれの秩序やルールがあったため、明治政府が国民国家の基礎を固め、国民が共通文化を持つ国を創出しようとしたためです。

明治中期に最初の「贈答廃止会」が結成され、病気見舞い、彼岸、中元、歳暮、手土産までも廃止を求め生活の簡素化を強調する運動が起きました。明治後期、大正、昭和いずれの時代にも同様の新生活運動が起きますが、どれも結果的に、多少の簡素化はあったものの、完全に廃止することはできませんでした。政府や活動家など上からの圧力をもってしても無くならなかったのは、なぜだったのでしょうか。

八朔儀礼

そこには、「八朔《はっさく》儀礼」に深い繋がりがあると言えるでしょう。

八朔とは旧暦の八月一日のことを言い、その頃はちょうど早稲《わせ》の穂が実る頃で、農民の間では実った初穂を恩人に贈る風習が古くからあったと言われています。

そこから「田《た》の実《み》の節句」とも呼ばれるようになりました。これは農村において、お米の豊穣を祈る大切な予祝儀式のひとつでした。

その農民の風習であった「田の実」が武家の間に取り入れられると「田の実」から「頼《たの》み」へと意味合いが変わっていきました。『中世武家儀礼の研究』(二木謙一著/吉川弘文館)によると、鎌倉時代から南北朝期にかけて人々が日頃から恩恵を受け、頼みを乞う目上の者に対して「八朔の憑《たのみ》」や「憑の節句」と称して八朔に進物を贈ることが盛んに行われるようになりました。そして室町時代にこの八朔の贈答が公式の年中行事として儀礼化されると、さらには公家にも及んでいったと言われます。

八朔(はっさく)
八月朔日の略。朔日とは一日(ついたち)のこと。八朔である旧暦の八月一日は、新暦の時期で言うと八月下旬〜九月下旬あたりになる。

予祝(よしゅく)
豊作を祈り、あらかじめ祝う前祝いの儀式。あらかじめ期待する結果を模擬的に表現すると、そのとおりの結果が得られるという俗信にもとづいて行われる。

「憑」(たのみ)
「よる・たのむ」とも読み、転じて拠り所、頼りにする、の意。

室町幕府の年中行事は足利義満の時代に形成され、その後に確立されます。征夷大将軍であり、太政大臣でもあった義満は、朝廷の儀式行事の職務をつとめるなど公武ともに実権を掌握していました。貴族や武家衆らとの遊興を繰り広げ、年中行事はしだいに儀礼的な秩序を帯びていったとされます。それまでは公家の儀式を踏襲していた武家でしたが、純粋な武家式として成立した代表的な行事のひとつがこの「八朔儀礼」でした。

室町時代の年中行事
三代将軍足利義満の時代に形成され、六代義教から八代義政の時代にかけて確立されたと言われる。

贈り合う文化の誕生

この八朔における贈答が儀礼として成立すると、それまでの下位者から上位者への献上だけでなく、それに対して上位者からのお返しの進物もなされるようになったのです。

上下の格式を重んじた中世では、社会的地位、身分に応じた様々なしきたりが生まれました。折形礼法の贈る相手の身分に応じて和紙の種類や水引の色を使い分ける作法は、このような背景のもとに成立したことが分かります。

室町幕府は東の鎌倉から伝統的な公家政権の本拠地である京都に移り、東国出身の足利氏が村落の田舎武者たちを連れて京の都に政権を置いたことで、室町期は公家・武家・民衆文化が渾然一体となって融合し、今日に繋がる多くの文化の土台を作ったと言われています。

八朔における品物の贈り合い。幾度の贈答廃止運動が起こっても無くならず、日本人に脈々と根付いてきた贈答文化。それは、長く日本人の営みの基盤であった稲作に端を発していたこと、農村における稲作の予祝儀式から始まった贈答習慣であったことが大きな要因であるのだと考えます。

贈答の始まりは、自然の豊かな恵みに感謝し、収穫を皆と喜び分かち合うことであり、それが日本人の生活の根幹であるとも言えるのではないでしょうか。時代の中でだんだん儀礼化されて、どこか形式的な側面が強くなってしまったことで無理が生じてきたのかもしれません。これからの時代に応じた自由で確かな判断ができるようになるためにも、もう一度、大切な原点を見つめ直す良い時期なのではないでしょうか。

おわりに

水引の歴史は長く、古い書物などを見てもたくさんの諸説や伝承が存在し、定説がないのが現状です。

昨今、テレビや雑誌などで水引のことをお話する機会が増えていく中、これまで見聞してきた諸説をそのまま伝えて良いのだろうかと思うようになってきました。諸説の裏付けとなることを自ら掘り下げて、探ってみたい。そんな気持ちになっていました。

そこでまずは、今までの通説を自分の足で調べ直すことから始めました。国立国会図書館の膨大な書物の中からキーワードを手繰《たぐ》ってはまた手繰り、時代を遡りながら内容を見比べ、どこまでも広がるような果てしない作業。調べれば調べるほど、底なし沼に足を踏み込んだかのように調べ物は増え続けていきました。

下調べをあらかた終えたら次に、関係のありそうな文献を再び、水引以外の視点から読み解きました。分からないことがあれば、各地の専門家や研究者の方々に話しをうかがいながら、自分の理解や読み解きが間違っていないか、ひとつひとつ点検を重ねました。時にはアポイントがとれたタイミングで自宅のある福岡から日帰りで各地に足を運ぶことも度々ありました。

こうして壮大な水引の旅を通して辿り着いたのは、日本人の祈りの原点でした。

この原点を起点に、寛容で、融通無碍な考え方を土台に言葉を織り交ぜ、螺旋を描くように日本の文化が形成されていく様子が見えてきました。水引の歴史を振り返っても、麻と幣《ぬさ》、木綿《ゆう》と楮、公家と武家、布と和紙、幣帛と贈り物など、長い旅の途上には想いが幾重にも重なり、ひとつだったものがだんだん複数の意味合いを持ちながら、途切れることなく変化を続ける姿がありました。

現在の水引と元来の水引は同じものではありません。しかし、どの時代の人も相手を想う祈りのようなものを水引に託し、ただの紐とは異なる何か特別な存在として位置付けてきたように思います。自然に対する畏敬の念と、結びの見えない力を信じる日本人の感性が育んできた、そんな歴史を持つ水引は世界に誇れる文化であると思います。

この『日本水引』が今後の水引の発展となるきっかけとなれば幸いです。書ききれなかった興味深い話もまだまだありますが、それはまた別の機会にお伝えできればと思います。

また、本書では水引以外の事柄にも触れましたがどの領域も奥深いものです。興味のある方は是非、さらなる世界へと足を踏み入れてみてください。

この本は、これまでの人と人の繋がりや、水引に携わる中で生まれたご縁によってまとめることができました。たくさんの出会いに感謝いたします。

最後に、完成までの長い時間を見守ってくださった皆さま、心よりありがとうございました。

長浦ちえ

日本水引　索引

参考文献

- ●小笠原清信『日本の礼法』講談社 一九七五年
- ●山根章弘『日本の折形』講談社 一九八七年
- ●山根章弘『折形の礼法』大和書房 一九七八年
- ●小笠原忠統『小笠原流礼法入門』日本文芸社 一九九二年
- ●小笠原忠統『図解 小笠原流礼法入門(下)包み結び』日本文芸社 一九九一年
- ●小笠原敬承斎『見てまなぶ 日本のふるまい』淡交社 二〇一一年
- ●花月庵鶴友『小笠原流包結のしるべ』大文館書店 一九三一年
- ●荒木真喜雄『折形―包む心』文化出版局 一九七八年
- ●荒川真喜雄『復刻 伊勢貞丈「包結記」Ⅰ復刻・現代語訳集 Ⅱ再現用図集』淡交社 二〇〇七年
- ●村尾美江『小笠原流礼法と民族―婚姻儀礼と熨斗―』雄山閣出版 二〇一九年
- ●陶智子『近世小笠原流礼法家の研究』新典社 二〇〇三年
- ●石井泰次郎『小笠原流折形と水引の結び方 奥伝図解』和風会出版部 一九二一年
- ●斎藤円子『包結之栞 女子教科 上』大倉書店 一九〇〇年
- ●国分操子『日本女礼式』大倉書店 一八七六年
- ●塩月弥栄子『冠婚葬祭入門』光文社 一九七〇年
- ●山根一城『日本の折形』誠文堂新光社 二〇〇九年
- ●大妻コタカ『折紙と水引』文光社 一九二八年
- ●大妻コタカ 監修『新時代の礼儀作法』日本女子教育会 一九〇二年
- ●久米康生『彩飾和紙譜』平凡社 一九九四年
- ●久米康生『和紙文化辞典』わがみ堂 一九九五年
- ●柳橋真・黒崎彰・吉田邦光・河北倫明・広瀬辰五郎『紙』淡交社 一九七八年
- ●紙の博物館『和紙と洋紙―その相違点と類似点―』紙の博物館 二〇一三年
- ●森実善四郎『紙と伊予』伊予三島ロータリークラブ 一九六四年
- ●伊予三島市史編纂委員会『伊予三島史 下巻』伊予三島市 一九八六年
- ●室町時代語辞典編修委員会『国語大辞典』三省堂 二〇〇〇年
- ●鈴木敬三『有識故実大辞典』吉川弘文館 一九九五年
- ●杉本つとむ『語源海』東京書籍 二〇〇五年
- ●藤原覚一『昭和の結び方研究』東實書店 一九四三年
- ●藤原覚一『図説 日本の結び』築地書館 一九七四年
- ●額田巌『結び』法政大学出版局 一九七二年
- ●額田巌『結びの文化』東洋経済新報社 一九八三年
- ●額田巌『ひも』法政大学出版局 一九八六年
- ●竹村浪の人『水引と民話』國風水引工芸株式会社 一九六五年
- ●飯田水引組合『飯田水引産業史』飯田水引組合 二〇〇三年
- ●吉田忠正『水引のまち 飯田』(飯田市歴史研究所 監修)飯田市教育委員会 二〇〇九年
- ●神宮司庁『図解 伊勢神宮』小学館 二〇二〇年
- ●沼部晴友・茂木貞純『神道祭祀の伝統と祭式』戎光祥出版 二〇一八年
- ●茂木貞純『大嘗祭の伝統と意義』神社新報社 二〇二〇年
- ●茂木貞純『神宮と皇室』伊勢神宮崇敬会 二〇二〇年
- ●茂木貞純『日本の暮しと神社』神社新報社 二〇一八年
- ●飯倉晴武『日本人のしきたり』青春出版社 二〇〇三年
- ●矢野憲一『鮑』法政大学出版局 一九八九年
- ●柳田國男『定本柳田国男集 一四』筑摩書房 一九六九年
- ●和歌森太郎『日本民族論』千代田書房 一九四七年
- ●賈思勰撰『齊民要術』(西山武一・熊代幸雄 訳)アジア経済出版界 一九六九年
- ●二木謙一『中世武家の作法』吉川弘文館 一九九九年
- ●二木謙一『中世武家儀礼の研究』吉川弘文館 一九八五年
- ●氣賀澤保規(編)『遣隋使がみた風景―東アジアからの新視点―』八木書店 二〇一二年
- ●森克己『遣唐使』至文堂 一九六六年
- ●東野治之『遣唐使船 東アジアのなかで』朝日新聞社 一九九九年
- ●東野治之『遣唐使』岩波書店 二〇〇七年
- ●髙橋昌明『京都〈千年の都〉の歴史』岩波書店 二〇一四年
- ●伊勢貞丈『貞丈雑記』(島田勇雄 編)平凡社 一九八五年
- ●守貞謾稿『近世風俗志』(宇佐美英機 編)岩波書店 二〇〇一年
- ●三谷一馬『江戸商売図絵』中央公論新社 一九九五年

参考文献

- 岩上力『京の儀式作法書』光村推古書院 二〇〇二年
- 長田なお『陰陽五行でわかる日本のならわし』淡交社 二〇一八年
- 吉野裕子『陰陽五行と日本の文化』大和書房 二〇〇三年
- 納屋嘉治『陰陽五行』淡交社 一九九七年
- 前田雨城『色 染と色彩』法政大学出版局 一九八〇年
- 吉岡幸雄『日本の色辞典』紫紅社 二〇〇〇年
- 竹内淳子『紅花』法政大学出版局 二〇〇四年
- 額田巌『包み』法政大学出版局 一九七七年
- 伊藤幹治『贈答の日本文化』筑摩書房 二〇一一年
- 増田美子『日本の服装の歴史① 原始時代～平安時代』ゆまに書房 二〇一八年
- 増田美子『日本の服装の歴史② 鎌倉時代～江戸時代』ゆまに書房 二〇一九年
- 田中圭子『日本髪大全』誠文堂新光社 二〇一六年
- 東横学園女子短期大学女性文化研究所（編）『女性文化研究所紀要第九号 河野徳吉：江戸時代の髪「元結」一』東横学園女子短期大学女性文化研究所 二〇〇〇年
- 東横学園女子短期大学女性文化研究所（編）『女性文化研究所紀要第一〇号 河野徳吉：江戸時代の髪「元結」二』東横学園女子短期大学女性文化研究所 二〇〇一年
- 王敏・梅本重一（編）『中国シンボル・イメージ図典』東京堂出版 二〇〇三年
- 増田美子『日本喪服史 古代篇―葬送儀礼と装い―』源流社 二〇〇二年
- 芳賀登『葬儀の歴史』雄山閣出版 一九九六年
- 深津正『植物和名の語源』八坂書房 一九九九年
- 岡玲子「うどんの歴史」『福岡女学院大学紀要 人間関係学部編』vol.7, pp.29-34. 福岡女学院大学 二〇〇六年
- 伊藤汎「伊藤汎麺類史研究論」特定非営利活動法人 江戸ソバリエ協会正式サイト www.edosobalier-kyokai.jp/pdf/itoumenron.pdf
- 小林尚人「特別ゼミナール「寺方蕎麦研究会」学習会メモ〈2〉」特定非営利活動法人 江戸ソバリエ協会正式サイト https://www.edosobalier-kyokai.jp/terakata/terakatasemirpt02.pdf
- 小笠原千代子『小笠原流 折紙と水引の掛方』日本出版社 一九三三年
- 久米康生『和紙の文化史』木耳社 一九七六年
- 虎屋虎屋文庫 編『和菓子 第二六号』虎屋 二〇一九年
- 増田美子『葬送儀礼と装いの比較文化史 装いの白と黒をめぐって』東京堂出版 二〇一五年
- 土屋喜敬『相撲』法政大学出版局 二〇一七年
- 鼎町史編纂委員会 編『鼎町史 下巻』飯田市鼎公民館 一九八六年
- 飯田文化財の会企画 編『飯田ものがたり：南信濃』信濃路 一九七六年
- 田村栄太郎『日本の産業指導者』国民図書刊行会 一九四四年
- 佐瀬文哉『有利なる商品の仕入方』天地書房 一九二〇年
- 太田鶴舞齋『鶴舞齋の造形―小笠原流水引折方の世界―』小笠原流水引折方 実行委員会 一九九四年
- 『町屋と町人（ピクトリアル江戸）』学習研究社 一九八九年
- 『風俗画報』東陽堂 一八九三年
- 國學院大學日本文化研究所『神道事典』弘文堂 一九九九年
- 増田美子『日本衣服史』吉川弘文館 二〇一〇年
- 折口信夫全集刊行会『折口信夫全集』中央公論社 一九九五年
- 西宮一民『古語拾遺 斎部広成撰』岩波書店 一九八五年
- 吉野裕子『陰陽五行と日本の民族 新版』人文書院 二〇二一年
- 山本三千子『室礼おりおり』NHK出版 二〇〇七年
- 須藤功『わざ 写真でみる日本生活図引⑧』弘文堂 一九九三年
- 松田有紀子・田中圭子・山本真紗子・片山詩音『花街と芸妓・舞妓の世界』誠文堂新光社 二〇二〇年
- 上田正昭・西澤潤一・平山郁夫・三浦朱門『日本人名大辞典』講談社 二〇〇一年
- 日本国語大辞典第二版編集委員会・小学館国語辞典編集部『日本国語大辞典第二版』小学館 一九七二年
- 下中邦彦『大百科事典』平凡社 一九八五年
- 黒川真道『日本風俗図絵 第一一輯』日本風俗図絵刊行会 一九一四-一九一五年
- 福岡市博物館『FUKUOKA アジアに生きた都市と人びと 福岡市博物館 常設展示公式ガイドブック』福岡市博物館 二〇一三年
- 神宮館編集部『暮らしのしきたり十二か月』神宮館 二〇一四年

ご協力いただいた全ての皆さまに御礼申し上げます。

明日香村役場 文化財課
伊勢神宮 神宮司庁広報室
有限会社 上田屋のし店
愛媛県産業技術研究所 紙産業技術センター
香椎宮 木下英大
公益財団法人 紙の博物館
京都儀礼作法塾主宰 岩上力
鴻臚館跡展示館
高野山真言宗篠栗山二ノ滝寺 桐生俊雅
高野山真言宗総本山金剛峯寺 赤堀暢泰
高野山大学総合学術機構 木下浩良
合田水引店
國學院大學教授 茂木貞純
株式会社 長生堂
東京国立博物館資料館
奈良文化財研究所 飛鳥資料館
株式会社 榛原
久居八幡宮 ウィルチコ フローリアン
福岡市博物館
紅ミュージアム
株式会社 松文
マルマツ紙業株式会社

(五十音順/敬称略)

STAFF

企画・編集　櫛田理（株式会社EDITHON）

装丁・デザイン　岩橋謙

校正　金子亜衣

長浦ちえ　Chie Nagaura

水引文化研究家、水引デザイナー。

福岡県生まれ。2013年に自身のブランド「TIER（タイヤー）」を立ち上げる。同年に書籍『手軽につくれる水引アレンジBOOK』（エクスナレッジ）が出版されたことをきっかけに、伝統を守りながらも従来の水引をアップデートする表現が話題となり、たちまち水引を世に広める。

プロダクトデザインのほかに、「2020年ドバイ国際博覧会」日本館の水引制作に携わるなどアートワークでも幅広く活躍している。企業や地域、教育機関との取り組みの中で水引文化を伝えている。

結《むす》ぶ、祈《いの》る、贈《おく》る、日本《にほん》のかたち

日《に》本《ほん》水《みず》引《ひき》

NDC594

2022年6月11日　発　行

著　　者　長《なが》浦《うら》ちえ
発 行 者　小川雄一
発 行 所　株式会社 誠文堂新光社
〒113-0033 東京都文京区本郷3-3-11
電話03-5800-5780
https://www.seibundo-shinkosha.net/

印 刷 所　株式会社 大熊整美堂
製 本 所　和光堂 株式会社

ISBN978-4-416-52051-2